VOYAGE

DANS

LE FINISTÈRE

[illegible]

VOYAGE

DANS

LE FINISTÈRE,

OU

ÉTAT DE CE DÉPARTEMENT

EN 1794 ET 1795.

TOME PREMIER.

A PARIS,

De l'Imprimerie-Librairie du CERCLE-SOCIAL,
Rue du Théâtre-Français, n°. 4.

AN VII DE LA RÉPUBLIQUE FRANÇAISE.

Iʟ est inutile de détailler les causes qui retardèrent si long-tems l'impression de cet ouvrage : il y a près de deux ans qu'il est sous presse.

Je dois m'excuser, cependant, d'avoir conservé les anciennes dénominations de poids , de mesures , et d'espaces ; faute d'autant moins pardonnable que j'ai contribué à l'établissement de ce nouveau systême. Mais la réimpression du premier volume terminé depuis long-tems , des frais déjà trop multipliés , l'inconséquence de parler dans l'an IV , le langage de l'an VII , ne m'ont point permis de nouveaux changemens.

Quelques personnes trouveront , peut-être , un peu longs les détails si multipliés de culture , de production , d'utilité particulière, répétés dans chaque canton, dans chaque commune. Mais ils sont nécessaires, comme les mesures et les calculs dans un cadastre.

Qu'apprennent de grands apperçus ? ils donnent des idées

incertaines ; la vérité , l'expérience , l'histoire , ne vivent que de détails précis et quelquefois minutieux.

Occupé de marine dès mon enfance , j'avois surchargé l'article Brest, il m'a paru plus sage de réserver mes observations , quelques plans économiques et d'administration , pour un ouvrage uniquement destiné à cette première branche de nos intérêts politiques.

On trouvera dans ce voyage quelques notes hasardées en apparence sur les Bretons , sur leur ancienneté , sur leur langage , sur leur histoire, sur les Druides et sur leurs monumens. Nous sommes dans un siècle où des vérités ensévelies par la politique des maîtres du monde, se développeront, en histoire comme en morale, comme en philosophie.

VOYAGE

DANS

LE FINISTÈRE,

OU

ÉTAT DE CE DÉPARTEMENT EN 1794

MORLAIX.

Le district de Morlaix forme un quarré presque parfait au nord du Finistère ; il touche par différens points aux districts de Lesneven , de Landernau , de Carhaix ; à l'est, dans toute sa longueur , au département des Côtes-du-Nord.

Ses deux grands diamètres sont de St.-Thégonec à Pomenou (cinq lieues.) , de Laneanou à l'île de Sieck (huit lieues.)

Je ferai connaître les côtes du nord de ce district, baignées par la Manche ; la description de ses anses, de ses rochers, de ses points de vue, exigent des détails qu'on ne pourroit donner dans un apperçu général.

Morlaix est situé par les six degrés neuf minutes de longitude , et par les quarante-huit degrés trente-quatre minutes quarante-trois secondes de latitude.

A

Son arrondissement se divise en neuf cantons formés de trente-quatre municipalités, dont on porte avec exagération la population à 71,641 individus ; le même état n'élève qu'à 11,957 la totalité des feux du district, qui, multipliés par 5, ne donneront qu'une quantité de 59,785 habitans : l'erreur seroit donc de 11,856 ; elle est assez considérable pour être relevée.

Le terrein renfermé dans le district de Morlaix , que j'ai parcouru dans tous ses diamètres , que j'ai fréquemment examiné du clocher de St.-Thégonec , de celui de St.-Paul-de-Léon , d'une montagne élevée sur la route de Lanmeur, etc. n'offre, comme tout le Finistère, comme toute la ci-devant Bretagne , qu'une multitude de collines et quelques plaines. Les plus hautes montagnes de cette extrémité du monde, sont à peine du quatrième ordre quant à l'élévation ; les rochers nuds qui les couronnent , sont d'une espèce de granit creusé , brisé , mangé par l'inclémence des saisons.

J'aurai l'occasion de le démontrer : ce pays (la ci-devant Bretagne) est, sans exception, le plus champêtre et le plus pittoresque de la France.

De la Commune de Morlaix.

Cette commune se nomme *Montroulés* en breton ; elle s'élève sur les flancs de deux montagnes et sur les bords des rivières de Jarlean et de Kerleut : ces deux rivières se réunissent, coulent sous une voute assez belle, sous l'ancien hôtel-de-ville, sous la place du Peuple, sortent par une arcade et s'unissant aux eaux de la mer, forment le joli port de Morlaix.

Son embouchure est sur la Manche, les quais sont beaux, garnis de maisons assez simples et de quelques maisons assez belles.

Le port s'étend du sud au nord sur un espace de trois lieues ; ses deux rives sont formées de montagnes qui s'abaissent insensiblement et descendent jusqu'à la mer ; les rivages rians près de la ville deviennent arides et moins boisés, ils se dépouillent en approchant du château du Taureau. Le jardin anglais de Porzantrès, placé sur des rochers dont on a sçu profiter, boisé, soigné, riche de culture, de fruits et de légumes, où l'on a pratiqué tant de retraites agréables et de jolis pleins de verdure, embelli des plus beaux points de vue, se

(4)

remarque sur la rive gauche, à l'extrémité
de la commune ; plus loin, s'étalent sur le
rivage les allées et les bois de l'ancienne
abbaye du Relec.

La rive droite n'est pas moins embellie par
la demeure du citoyen Rochon, connu par
l'étendue de ses connoissances si variées,
par ses belles découvertes, par ses ouvrages ; il vient d'établir sur sa terre une
manufacture infiniment utile : elle remplace
les vîtres de cornes qui manquoient aux
grands fanaux de la marine. C'est un
réseau de fil de fer étamé, dont les carreaux, couverts d'un vernis transparent,
laissent un passage à la lumière en s'oppo-
sant au passage du vent. Dans la commune
de Ploujean, sur le même rivage, est la
maison de Keranroux, dont les environs
sont ornés de beaux et rians paysages.

Cinq grandes routes aboutissent à Morlaix, celle de Landernau, dont le prolongement conduit à Brest ; le beau chemin
qui se rend à St.-Paul-de-Léon, ce dernier
a quatre lieues de longueur, il court au
Sud-Ouest, passe par Lesneven ; il aboutit
à Brest ; cette route pour Brest est un peu
plus longue, mais plus belle que la première,

moins gâtée par le passage des rouliers ;
malheureusement elle n'est point fréquentée
par la poste. La 3.me passe à Lanmeur, à Tréguier, à St.-Brieux, mais on va plus directement à cette dernière ville par une autre
route la plus montueuse qu'on puisse imaginer. La dernière, celle de Carhaix, est
sûre ; mais cahoteuse, hérissée de pointes de
rochers : elle est d'une longueur, d'une
monotonie insupportables ; vous traversez
neuf lieues de terreins arides, sans, pour
ainsi dire, trouver une habitation. Ces cinq
routes sont nues, peu boisées ; elles n'offrent rien de remarquable aux voyageurs ;
j'en excepte quelques sites en se rendant à
St.-Paul-de-Léon , et le beau point de vue
du chemin de Lanmeur.

On ne peut remonter à l'antiquité des
communes de la ci-devant Bretagne, elle se
perd dans la nuit des tems ; les rêveries modernes, ces contes placés à la tête de toutes les
histoires de l'Europe, se trouvent ici comme
ailleurs. César fonda toutes les villes de la
Gaule ; un des disciples des apôtres ou de
Joseph d'Arimathie, y porta la religion
catholique. Ainsi Morlaix,, si nous en
croyons Conrad , archevêque de Salisbury ,

écrivain du douzième siècle, fut d'abord nommée Julia; ainsi Drennalus, disciple de Joseph d'Arimathie, à son retour de l'île de Bretagne, passa par Morlaix, l'an 73 de J. C., en convertit les habitans; ce lieu se nommoit alors Saliocan ou Hanterallen.

En 382, Flavius-Maximus Clemens, marchant à la conquête des Gaules, aborda au port de Saliocan, et logea au manoir de l'Armorique, qui, en 1637, appartenoit à la maison de Goazriant.

L'an 498, Hoël second, maria sa fille, la princesse Aliénor de Bretagne, au vicomte de Léon, et lui donna la ville et le château de Morlaix; ses descendans les possédèrent jusqu'en l'année 1177.

Dans la suite, les princes de Léon et les ducs de Bretagne se disputèrent cette proprieté. Les derniers appelèrent dans leur pays les Anglais, qui furent chassés par Duguesclin. Les Anglais reparoissent en 1374, s'emparent de Morlaix, font pendre cinquante chefs, laissent huit cents hommes en garnison dans cette ville; ne pouvant supporter leur insolence, les bourgeois se soulèvent, introduisent les Français dans leurs murs, les Anglais sont exterminés, le duc de Bretagne jure la perte des rebelles ; d'autres affaires le détournent de sa vengeance.

En 1381, par le traité de Guerande, Morlaix fut rendu au duc de Bretagne, qui pardonna.

Henry VII, roi d'Angleterre, en 1488, fit passer à la duchesse Anne, une armée commandée par Richard Eggecimille : il mourut à Morlaix l'année suivante ; on l'enterra dans le couvent des Dominicains au milieu du chœur, sous une tombe de pierre verte que je n'ai pu trouver, quelques recherches que j'aie faites.

La duchesse Anne y fit son entrée solemnelle en 1506. On lui fit présent d'un petit navire d'or enrichi de pierreries, et d'une hermine blanche apprivoisée, ayant au col un collier de pierres précieuses.

En 1522, Henri VIII, roi d'Angleterre, mit en mer une flotte considérable ; un traître, capitaine de Morlaix, nommé Latricle, avertit les Anglais qu'ils pouvoient surprendre cette ville, la noblesse étant aux montres générales assignées à Guenkamp par le seigneur de Laval, lieutenant du roi en Bretagne en l'absence du duc d'Alençon, et le corps principal des bourgeois à la foire de Noyal près Pontivi. Morlaix fut en effet surpris, saccagé, brûlé : les Anglais, riches de butin, se retirèrent sur leurs vaisseaux ; six ou sept cents d'entre eux, enivrés, s'endormirent dans le bois de Stifell à six cents pas de la ville, où le seigneur de Laval les tailla en pièces ; leur sang rougit les eaux de la fontaine qui s'appelle encore *Feunteun ar saozon* (fontaine des Anglais.)

Comme le reste de la Bretagne et de la France, cette ville souffrit les maux inséparables d'une guerre civile dans le désordre de la Ligue ; ce ne fut qu'en 1594 qu'elle se rendit au maréchal d'Aumont et fut soumise à la puissance d'Henri IV.

Besnard, dans sa topographie raisonnée des dépendances de Landernau, rapporte le fait suivant :

« Morlaix étoit autrefois dominé par un » château situé sur une montagne à l'Ouest; » on n'en voit plus que les ruines : il étoit » encore entier à la fin du seizième siècle. » Il soutint un siège de vingt-quatre jours » contre le maréchal d'Aumont ; il étoit

» défendu par le capitaine de Rosempoul :
» le maréchal d'Aumont apprenant qu'on
» étoit réduit à la dernière extrémité dans
» le château , et que les assiégés étoient
» obligés de manger jusqu'à leurs chevaux,
» envoya à la dame de Rosempoul, femme
» charmante, prête d'accoucher , trois ou
» quatre moutons , des volailles et des
» perdrix ; cette jeune dame , pleine de
» courage et de générosité , remercia le
» maréchal et lui renvoya son présent, en
» lui fesant dire qu'elle ne vouloit pas
» manger de mets plus délicats que ceux
» dont la garnison et son mari se nour-
» rissoient. »

Il y avoit à Morlaix, avant notre révolution , des couvens de jacobins , de ré-
colets , de capucins , de minimes , de
calvériennes , de carmélites et d'ursulines,
trois paroisses , une collégiale appelée
Notre-Dame-du-Mur.

Le corps de ville fut établi par Charles IX,
en 1561. Ses membres étoient pris parmi les
négocians en gros, sans que les marchands
détailleurs pussent en faire partie. Le maire
siégeoit aux Etats de Bretagne, l'épée au
côté, comme les maires de Nantes, de Brest;

et de Saint-Malo ; il ne conservoit cette place que pendant deux ans ; l'élection se fesoit le premier jour de janvier.

C'étoit le siège d'une sénéchaussée , d'un consulat, d'une amirauté.

Frère Hervé - Nedelec, jacobin du couvent de cette ville , docteur en théologie de la faculté de Paris , général de son ordre , fit canoniser St.-Thomas d'Aquin, en 1318. Léandre-Albert de Bologne nomme Nedelec *vir eruditissimus qui suâ tempestate in doctrinâ superiorem non habuit*; Antoine de Sienne , en sa bibliothèque, dit qu'il étoit *vir ingenio acutissimus...... inter celeberrimos suae aetatis viros habitus*; il mourut à Narbonne le 26 septembre 1323. Il écrivit plusieurs livres.

Commentaria in quatuor libros sententiarum.

De ente et essentiâ contrà Henricum de Gandavo.

De intellectu.

De aeternitate mundi , etc. etc.

Une trentaine de Traités sur différentes matières.

Albert-le-Grand , l'auteur de la vie des Saints de la Bretagne armorique , étoit de Morlaix ; son ouvrage, amas d'extravagances et de merveilles , est un chef-d'œuvre de recherches et d'érudition ; j'en aime la lecture ; il conserve l'originalité de l'imagination de nos pères , la nature des rêveries bretonnes ; il retrace des usages de la plus haute antiquité ; je l'emploirai souvent ; le lecteur me saura gré d'arracher quelques perles au fumier de cet écrivain original.

Il assure que l'an 1213 , Saint Dominique de Gusman , fondateur de l'ordre des prédicateurs , vint à Morlaix visiter le duc Pierre et la duchesse Alix. « On » tient, dit-il, que le sujet de ce voyage » fut pour exciter le duc et la noblesse » de se croiser contre les Albigeois.

» En 1238, le couvent des Jacobins fut » fondé ; on fit marché avec un maître » Architecte de Landtmeur pour l'édifice » de l'église.... Le chœur , sa maîtresse-» vitre et l'excellente rose qui s'y voit , » le jubé et les garnitures du chœur haut » et bas, furent faits faire par Alain Minou » et Amon sa femme, la chapelle de No-

» tre-Dame , la sacristie, le grand dor-
» toir furent bâtis par Yves Faramus.....
» L'épitaphe de la fondatrice se lit autour
» de la lame de letton rouge dont son tom-
» beau est couvert : »

Ecce sub hoc saxo fratrum de monte relaxo ,
Est sita fondatrix Juliana dei veneratrix ;
Hujus erat virtus quà pollet fœmina rarò
Mens sincera , manus larga , pudica caro.

Peut-on avoir oublié dans le dictionnaire des artistes , Alain Minot et Faramus !

Dans l'église de Saint Mathieu , on voyoit sur un banc, en 1778, les armes des Kerret (des femmes de la maison de Guicaznou s'étoient alliées à la maison de Kerret). Autour des armoiries se lisoit cette devise modeste :

Quenta tud avoa erbet
Avoa Guicaznou a Kerret

« Les premiers habitans de la terre fu-
» rent les Guicaznou et les Kerret. »
En 1548, Marie Stuart, reine d'Écosse, se rendant à Paris pour épouser le Dauphin, qui fut depuis François II , arriva par mer à Morlaix ; le seigneur de Rohan la reçut

à la tête de la noblesse. Après un *te deum*, chanté dans l'église de Notre-Dame, la Princesse étoit prête à passer le pont-levis de la porte dite de la Prison ; il se rompit sous le poids d'une trop forte cavalerie ; des Écossais s'écrient : trahison, trahison ! le seigneur de Rohan, qui marchoit près de la litière de la Reine, prononça ces mots d'une voix élevée, *jamais Breton ne fit trahison*, et le tumulte s'appaisa.

« Lelundi, 18 novembre 1624, monsieur
» le duc de Vendôme fut reçu solemnel-
» lement à Morlaix, toutes les compa-
» gnies sous les armes, à la seconde porte
» du quai de Léon ; au droit de la place
» dite le Pavé-Neuf, étoit élevé un arc
» triomphal à trois étages ; au premier
» étage, haut de quatorze pieds, étoit le
» portrait du roi en relief à hauteur d'hom-
» me, habillé en Mars, la couronne en
» tête et le sceptre en main ; au sommet, les
» armes de France ; de part et d'autre,
» celles de Navarre et de Bretagne : en l'é-
» tage du milieu, sous la représentation du
» roi, étoient les armes de monseigneur le
» duc de Vendôme, soutenues d'un côté
» de la déesse Thétis, et de l'autre du

» dieu Neptune, pour représenter le pou-
» voir que le roi lui avoit donné en cette
» province, par terre en étant gouverneur,
» et par mer en étant amiral, et étant ac-
» tuellement en visite des côtes. A l'autre
» étage étoient les armes du seigneur de Coa-
» tinizan, gouverneur de la ville, placées
» entre deux trophées, et au-dessous celles
» de la ville, qui est d'azur au navire
» d'argent, aux voiles éployées et mouche-
» tées d'hermines à la devise, *s'ils mordent*
» *Mor-lés*. Du côté droit de l'écu, parois-
» soient trois Nymphes orcades ou mon-
» taignères, représentant les trois montai-
» gnes dont la ville est fermée ; chaque
» Nymphe accoudée sur une coline ou
» montaigne en relief, pour témoigner leur
» soumission audit seigneur duc. Au côté
» gauche on voyoit deux Nymphes Naïades,
» portées sur deux petites rivières peintes
» sur le fond de l'arcade, rencontrées d'une
» sirène portée sur un flot de mer, re-
» présentant les deux petites rivières Jar-
» leau et Kerleut qui fluent entre ces mon-
» taignes, et embrassant la ville close, se
» jettent au canal de mer qui donne jus-
» qu'à la maison de ville, et étoient çea

» énigmes *animés* d'un distique compre-
» nant une succinte description de la ville,
» gravé en grosses lettres d'or sur une ta-
» ble de faux marbre noir, en ces mots : »

Tres inter montes jacet urbs in valle ; fluenta
Bina rigant , pelagi conciliata sinu.

Tels sont les détails historiques que nous offrent les livres, les manuscrits qu'on m'a communiqués sur la commune que j'essaie de faire connoître. Je pourrois les étendre, les multiplier ; mais ils ne sont pas de nature à produire un grand intérêt, à piquer la curiosité des lecteurs, leur suppression ne doit causer aucun regret.

Les principaux monumens de cette commune sont les aqueducs dont j'ai parlé ; ils passent sous l'ancien hôtel de ville, et sous la belle place du Peuple.

Cet hôtel de ville est un vaste bâtiment, construit, je crois, sous Henri IV. La municipalité y tient à présent ses séances ; on y place la bibliothèque du district, nombreuse, bien composée, remplie d'éditions curieuses ; ses distributions, ses ornemens sont exécutés d'après les plans du citoyen

Loriot, ingénieur, plein de talens et de mérite.

Le clocher de St.-Mathieu, passe pour un des plus remarquables du département ; on en jeta les fondemens en 1548.

L'église de St.-Martin est d'un stile moderne, c'est un fort joli bâtiment.

Les tableaux de population donnent à Morlaix , 13,352 habitans ; des calculs bien établis n'en offroient que 10,000 avant la révolution.

Du Port de Morlaix.

Ce port est , sans comparaison, le plus commerçant du Finistère ; ses quais, solidement bâtis en 1771 , sont revêtus de pierres de taille, de granit : ils partent de la commune et s'avancent à trois quarts de lieue ; on doit les prolonger jusqu'à la rade. Une rampe de fer leur sert de garde-foux ; des cailes bien ménagées y facilitent les embarquemens ; les vases, la position de la ville, dans une espèce d'entonnoir, en rendroient l'air mal-sain, si les vents du nord et du midi n'en enlevoient sans cesse les exhalaisons méphitiques : la mer

y monte

y monte deux fois par jour à douze pieds dans les basses marées, et à vingt pieds dans les grandes. Des navires de trois et quatre cents tonneaux peuvent débarquer les marchandises à la porte de leurs propriétaires ; il seroit nécessaire de surveiller avec plus d'attention qu'on ne l'a fait dans les tems de brutalité, de fureur et de négligence, les dégradations que les quais peuvent éprouver, de les faire achever, de fixer le chenal par des épis en fascinages distribués avec art, et sous des angles que l'expérience et la théorie doivent déterminer, pour s'opposer aux changemens fréquens que le cours de la rivière éprouve. Il ne sera pas moins urgent d'empêcher l'encombrement des vases que chaque marée dépose entre les quais ; il devient si considérable, que bientôt les bâtimens ne pourront plus en approcher. Une écluse de chasse, placée à la tête du port, un canal et un déversoir pour prévenir les inondations de la rivière, suffiront à cet effet.

Le commerce demande, outre l'exécution de ces travaux, la construction d'une calle à radoubs, elle est indispensable ; la nature du terrein marque sa place à l'extrémité des quais déjà formés; on y pourroit construire des bâtimens de trois à quatre cents tonneaux. Si l'établissement de l'écluse de chasse a lieu , celui de la calle ne peut être différé , puisque le chenal , où l'on fait des radoubs , sera continuellement occupé par les marées ou par le produit de l'écluse.

Il seroit possible de tenir toujours à flot , les bâtimens dans le port , mais ce travail est moins pressant que ceux dont je viens de parler ; il en résulteroit pourtant un grand avantage ; sur les ouvrages qu'il faudroit élever , pour cette opération , on pourroit ménager un pont volant ; les habitans de cette extrémité de la ville ne seroient plus forcés de faire un énorme circuit pour se rendre à cinquante pas de leurs habitations.

L'entrée du port étoit extrêmement dangereuse avant les travaux que le citoyen Cornic imagina de faire exécuter , et qui furent achevés sous ses ordres, en 1776.

Dans un mémoire , adressé au ministre de la marine (Sartine) , il prouve que depuis 1744 jusqu'en 1775 , il s'est perdu vingt-cinq vaisseaux sur les rescifs qui bor-

dent cette rade, « sans y comprendre plu-
» sieurs bâtimens battus par la tempête, qui
» se sont présentés pour arriver au mouil-
» lage, et qui, par le défaut de marques
» pour indiquer les dangers, ont été forcés
» de prendre le large ; quelques - uns ont
» reparu, d'autres n'ont pas eu le même
» bonheur. »

Depuis l'établissement des tours, tourel-
les, organaux d'amarage et des balises
que le citoyen Cornic a placés, les marins
trouvent un asile des plus sûrs : aucun bâtiment ne s'est perdu dans ces parages, quand
il a connu les marques et ce qu'elles indi-
quoient. Si la carte qu'il a fait passer aux
comités de la Convention, (et qui, d'après
une lettre de la commission de la marine,
devroit être imprimée), s'étoit répandue,
deux bâtimens chargés de blé ne se seroient
pas perdus sur nos côtes ; et dernièrement
encore deux prises anglaises n'auroient pas
été forcées de se réfugier, l'une sur la côte
du Corréjou, l'autre à Perros, où les marchandises ont été pillées.

On attend avec impatience la carte du
citoyen Cornic, et ses observations ; ses
talens en attestent l'exactitude et l'importance.

B 2

Quatre passes conduisent à la rade de Morlaix , elles ont douze brasses de profondeur dans les plus basses marées ; cette rade est abritée par la pointe de Pénalen à l'ouest, par les îles Spicher, par le château du Taureau , par l'île noire au nord ; par l'île blanche , l'île Sterec et la côte de Tréguier à l'est , et est-nord-est ; au sud par les terres. Elle est sûre : si par une tempête extraordinaire , les vaisseaux chassoient sur leurs ancres , les vents de nord-nord-est les porteroient , sans danger, sur la vase , et les vents opposés, au large.

La tour de Duon , vue de la mer et de toutes les côtes voisines , est le point qu'on attaque pour entrer dans Morlaix , elle est disposée pour recevoir un Phare.

J'ai parlé du château du Taureau dans le catalogue imprimé des monumens du Finistère.

Commerce de Morlaix.

Ce qu'on va lire constatera l'état du commerce de cette commune avant la révolution : à la paix, à la longue, elle aura les mêmes moyens, avec toutes les ressources de la liberté. Les négocians , persécutés par le régime de la terreur, ruinés par les réqui-sitions, arrêtés par l'incertitude du mo-ment, n'osent encore rien entreprendre ; ils attendent des lois stables, la force, le pouvoir qui les fait respecter, et des bases inébranlables sur lesquelles ils puissent bâtir.

Les productions employées dans le com-merce à Morlaix, objets d'exportation chez l'étranger ou dans les ports de France, con-sistent en grains, bœufs, porcs, moutons, chevaux, lins, chanvres, beurres, miels, cires, suifs, graisses; en toiles, sur-tout, dont voici la nature, les noms et les pro-portions :

Crez . . . . 29 pouces de largeur.

Crez . . . . 25 pouces *Idem.*

Gratiennes en demi-aunes, de 21 pouces 10 lignes   *Idem.*

Toiles à carreaux de toute espèce , de toute couleur , de 28 pouces   *Idem.*

Toiles à torchons, d'embalage de différens lez.

Toiles blanches, dites de ménage, depuis $\frac{1}{3}$ jusqu'à $\frac{1}{4}$ de lez.

Toiles de halle.

Toiles à voile.

Roscone : lez.

Je vais indiquer les lieux où l'on transporte ces objets, et quels sont les retours
qu'ils produisent.

Exportation pour l'Espagne. { Toiles, dites crez, larges et étroites ; bretagnes, larges et étroites; cuirs tannés, sain-doux, suifs; toiles rayées ou à carreaux, cires, beurres et quelques fils.

Pour le Portugal. { Toiles de Bretagne, larges et étroites ; cuirs tannés, papiers.

Importation d'Espagne et de Portugal. { Vins, eau-de-vie, raisins, figues, amandes, oranges et citrons; la solde consi_dérable en notre faveur, s'acquitte en matières d'or ou d'argent.

Bilbao. { Cuirs de veaux et de génisses repassés, cuirs forts pour semelles, toiles blanches à carreaux et à voiles, papiers.

Exportation pour la Hollande et les pays du Nord. { Miels, cires, beurres, graisses, suifs, papiers, cuirs et toiles.

Importation. { Fromages, planches, mâtures, aciers, fers, goudrons, brais, chanvres, papiers fins, graine de lin, bières.

Isles de Gersey et Grenesey. Export. { Eaux-de-vie, thés, toiles.

Importation. { Laines, étains, charbons de terre; or monnoyé, tabac.

Navigation nationale ou cabotage.

Rouen et Hâvre.
Exportation.

{ Plombs des mines de Poulaouen et du Huelgoat , cendres de tabac , fils blancs, toiles dites de Morlaix pour l'Amérique, toiles rousses, cornes; beurres , suifs , graines, cire, papier pour épingles.

Importation.

{ Quincailleries, verreries , fayanceries , cotons en fil et ouvragés , pierres de moulage, pierres à chaux, plâtre et amidon.

Port Malo. Expor.

{ Plomb , toiles, futailles vides, beurres et suif.

Importation.

{ Cidre, caffé, sucre, savons, morues, huiles de morues , meubles.

Nantes. Export. { Suifs, beurres, graisses , toiles dites de Morlaix pour l'Amérique, toiles à carreaux , papiers, cire.

Importation. { Sucres , caffé , épiceries, quelques eaux-de-vie ; noix, huiles de noix.

LaRochelleet l'île d'Oléron. { Beurres, suifs, graisses , plombs et quelques toiles.

Importation. { Sel , eaux-de-vie.

Bayonne. Expor. { Toiles dites de Morlaix, pour l'Amérique, toiles à carreaux , bières, suifs, graisses , cuirs tannés et en verd, sardines.

Importation. { Planches de sapin , goudrons , résine , réglisse , liége , bouchons , vins de Cap-Breton et d'Anglette, jambons , et cuisses d'oies.

Bordeaux. Export. { Toiles blanches dites de Morlaix, pour l'Amérique, toiles à carreaux, graisses, suifs, beurres, fils, niel, cires, douvelles, mérins.

Importation. { Vins, liqueurs, eaux-de-vie, pruneaux, autres fruits secs, poteries, huiles et autres provisions.

Détails, observations sur le commerce de Morlaix.

L'Espagne consommoit toutes les crez et la majeure partie des bretagnes ; la fabrique de crez a beaucoup diminué ; il y a cinquante ans que les envois étoient de six mille balles par an ; vingt-cinq ans qu'ils ne s'élevoient qu'à quatre mille ou quatre mille cinq-cents ; ils se réduisent depuis sept ans, à moins de trois mille balles.

Avant que les pièces fussent exposées en vente, elles étoient visitées par un inspecteur et par deux négocians, nommés inspecteurs marchands ; on les changeoit tous les trois mois. Ces pièces recevoient la marque de la ville ; Morlaix et Landernau étoient les seuls ports d'où elles pouvoient être exportées.

De sages réglemens proscrivoient tout achat fait hors du lieu désigné pour les marchés ; ils défendoient à tout fabriquant d'être revendeur. Depuis douze ou quinze ans ils font tous ce dernier trafic ; ils négligent, ils abandonnent leurs métiers au détriment de la chose publique.

On fabriquoit par an de six à sept mille balles de bretagne, larges et étroites ; le terme moyen de leur valeur, avant la révolution, étoit de 1,300 francs la balle. Un quart de la marchandise s'expédioit par Morlaix, près de la moitié par Saint-Malo, le reste par Nantes, les sept-huitièmes passoient de ces différens ports en Espagne.

Les crez se fabriquent dans le pays de Léon, les bretagnes dans les environs de St.-Brieux.

Des manufactures de toiles de toute espèce de lin, pur ou mélangé de coton, en
divers lez et pour toute espèce d'usage,
pourroient s'établir avec succès dans les
environs de Morlaix.

Je peux donner avec certitude le résultat que je presente. Le prix des crez et
des bretagnes pouvoit s'élever à onze ou
douze millions par an : les divers articles
fournis en échange par l'Espagne et par
le Portugal ne montoient pas à la valeur
de cinq cent mille francs, elles procu-
roient donc à la France un retour métal-
lique de près de onze millions en or ou
en argent. On sent combien il est important d'encourager, de rétablir une
branche de commerce aussi considérable.

La graine de lin se tiroit du Nord ; on
commence avec succès à semer celle du
pays. Dès l'année 1758 on soupçonna que
les marchands étrangers fesoient acheter, se-
crètement et par différens commissionaires,
toutes les graines de lin de la Bretagne
pour les revendre dans le même pays :
l'art de ces marchands se réduisoit à bien
imiter les barrils de graines étrangères,
à vendre dans le Léonnois, celles du

pays de Treguier ; à Treguier , celles de Léon.

Un moulin, près de Morlaix, emploie les vieilles graines de lin ; il en extrait l'huile, mais en trop petite quantité pour qu'on en fasse un objet de commerce extérieur.

La grande manufacture de tabac fournit encore ses produits au commerce ; elle employoit, il y a huit ans, de sept à huit cents individus. Par un réglement qui les attachoit, ceux des ouvriers dont la paie s'élevoit à dix sols, la recevoient pendant la durée de leurs maladies ou de leurs infirmités. Le produit de cette manufacture, ou plutôt la recette du bureau général, montoit alors à 1,500 mille francs. Elle n'emploie à présent qu'environ deux cents personnes. Le bâtiment qu'elle occupe est immense , avantageusement placé sur les bords de la rivière, au bout du quai de Léon ; il fut construit en 1740. On regrette, par toute la ci-devant Bretagne, que des artistes instruits , des hommes de goût n'en aient pas élevé les fabriques ; sans augmenter la dépense de leur construction , on eût pu faire des chef-d'œuvre de masses informes qui choquent la vue des voyageurs.

Il y a quelques tanneries dans la commune de Morlaix, et beaucoup dans ses environs ; les cuirs qui en sortent corroyés, veaux, genisses et vaches, peaux de mouton passées en blanc et en gris, s'envoient presque tous en Portugal.

Il existe dans les prés de Saint-Paul-de-Léon quelques poteries. On fait à Troudoustein, des pipes et de la brique d'assez bonne qualité ; cette manufacture devroit être encouragée, elle ne cuit pas assez ses matières parcequ'elle ne peut employer dans ses fourneaux que des landes.

Sur cinquante moulins à papier, établis dans le Finistère, il y en avoit quarante-cinq près de Morlaix ; leurs produits se vendoient avant 1790, depuis 18 s. jusqu'àcinq ou six francs la rame, et passoient en grande partie dans la Hollande et dans le Portugal ; il n'y a pas à présent plus de vingt-cinq moulins dans le district.

Les plus habiles négocians de Morlaix sont convaincus que cette commune offre les mêmes facilités pour toute espèce de commerce, que les autres ports de la République. Cependant des voyages aux Indes, dans nos Colonies, au banc de Terre-

Neuve , ont été tentés sans succès depuis la dernière paix ; ils étoient abandonnés même avant la révolution.

Le commerce se faisoit ici par commission ; peu de négocians l'exerçoient en leur nom. Cette place n'a ni bourse ni édifice public , particulièrement destiné à ses ventes, au dépôt de ses marchandises : les habitans de la campagne portoient leurs toiles dans les salles-basses de l'hôtel-de-ville , les ventes avoient lieu dans le vaste sallon, présentement occupé par la bibliothèque (1).

On a fait autrefois de grandes fortunes à Morlaix ; il y règnoit une aisance générale; elle reparoîtroit bien-tôt si la paix et la liberté permettoient à l'activité , aux talens de ses habitans de se développer sans crainte.

J'ai déjà dit que cette commune est établie sur la croupe de deux montagnes ; les points de vue qu'elle offre des quais, ou de

____

(1) On m'assure que la bibliothèque de Morlaix ne quittera pas le grenier des jacobins , et que l'obstination d'un homme s'oppose au plan qu'on avoit arrêté.

la place du Peuple, sont très-variés : c'est la rivière qui se prolonge et qui, coulant entre deux rangs de maisons en bois, de pierre de taille, basses, élevées, n'offre rien de monotone à l'œil ; on la suit au milieu de collines riantes, elle se perd au loin dans des bosquets. C'est le beau clocher de St.-Mathieu, se mêlant à tous les paysages, formés par des jardins, des pavillons, et des accidens d'arbres et de rochers pittoresquement groupés sur les hauteurs ; c'est la masse de l'ancien hôtel-de-ville, la promenade vaste voûtée qui le précède ; c'est l'arbre de la liberté, arbre de méditation, sous lequel nos neveux s'arrêteront à l'ombre et se racontant nos vertus, nos fureurs avec un sentiment mêlé d'admiration et d'épouvante, nous béniront de leur avoir donné la liberté aux dépens de notre existence.

Les deux quais, la place du Peuple et le prolongement de cette place qui conduit aux jacobins, sont les seules parties de la commune, qu'on puisse citer ; le reste est un amas confus de barraques mal alignées, humides, obscures, de rues mal-propres, assez bien pavées cependant, de maisons abattues

abattues, repaire d'ordures et d'infection, qu'une bonne police ne pourroit tolérer ; on trouve pourtant au sommet des montagnes qui cernent la ville, quelques asyles du goût et de la propreté ; des jardins alignés, cultivés avec soin, dans la plus heureuse exposition.

Aucun monument ne m'a frappé dans cette ville ; on ne peut appeler antiques, les ruines du château, des murs et des portes anciennes, dont on voit encore les débris.

Les ponts sont bien entretenus. Sous la place de la poissonnerie, la voûte qui sert d'écoulement à la rivière souffre beaucoup, a besoin de réparation ; le devis des dépenses à faire pour la rétablir, est au département.

Il étoit impossible de trouver un marché mieux fourni que celui de Morlaix, il y a dix ans. Je ne vis jamais une poissonnerie plus abondante, ni de légumes de toute espèce en plus grande quantité, à meilleur marché.

Les cultivateurs ne fournissoient leurs denrées, à l'époque de mon premier passage, qu'à force de réquisitions, les places étoient désertes ; depuis la suppression du *maximum*, elles sont mieux fournies, sans doute.

On est étonné, dans une commune aussi considérable, enrichie jadis par le commerce, de ne pas voir de ces établissemens publics qui rendent la vie douce, commode, agréable à ses habitans. Avec la plus grande facilité de diriger à volonté les eaux du calvaire, on n'y trouve point de fontaines publiques ; on pourroit en élever une sur la place du Peuple, une autre à côté de St.-Melaine, sur la rue des Côtes-du-Nord, ou dans tout autre endroit que l'on voudroit choisir. Pourquoi n'avons-nous pas encore en France, l'instinct des plus petites peuplades de la Suisse et de l'Italie ?

Il me paroîtroit plus difficile d'établir un jardin public. Je ne connois que l'enclos des Jacobins qui pût en servir en l'embellissant, mais on destine ce local à des objets d'une plus grande nécessité. On y pourroit placer les halles, dont les réparations coûtent annuellement beaucoup à la commune ; cet établissement nécessiteroit la construction d'un petit pont en face

de l'entrée du verger ; on pourroit destiner
une partie de ces halles nouvelles à recevoir les grains ; la pénurie du moment ne
peut durer , et toujours les marchés de
Morlaix ont été riches en miels, en beurres,
en cuirs , en suifs , en toiles , et en denrées
de toute espèce. Le même lieu pourroit encore servir au débit des viandes ; les boucheries sont établies dans un quartier retiré où
la rivière de Jarleut entretient la propreté,
la salubrité nécessaires , mais l'endroit, où
présentement on débite leurs produits ,
est mal situé pour la commodité publique.
Le vaste terrein des Jacobins pourroit encore servir de place à la poissonnerie : on
a projeté d'y bâtir des prisons criminelles
et de police correctionelle ; une partie des
fonds nécessaires pour cet établissement
est déjà faite ; le plan en est exécuté ; les
prisoniers , quelque soit le dégré de leurs
fautes ou de leurs crimes , sont présentement renfermés dans un même local , abus
presque général, mais immoral, criminel,
dangereux.

On ne peut avoir de plus beaux lavoirs
que ceux de Morlaix. On avoit le projet de
les prolonger dans la partie supérieure de

la rivière appelée le *Dossen* ; il seroit nécessaire d'y construire des abreuvoirs , ou de faciliter aux chevaux les moyens de se désaltérer , de se baigner dans la rivière.

Contre l'usage , si dangereux et presque général dans la Bretagne , le cimetière est hors de la ville , il est rempli ; il faudroit consacrer un autre local à cet établissement. Le lieu le plus avantageux pour le placer , seroit le deuxième champ de Coatserho , derrière le bois des Capucins.

Le passage des troupes écrase l'habitant , la ville n'a point de casernes ; le lieu le plus propre à leur construction , de l'avis des hommes les plus instruits , seroit le Markhalla.

La commune a deux pompes d'incendie , la manufacture de tabac en a deux autres , elles sont en état de service.

Il y a dans Morlaix une bonne brigade de Gendarmerie ; on se plaignoit du service des étapes à l'époque de mon passage.

La poste aux chevaux est mal tenue.

Les trois hospices militaires sont bien entretenus, ainsi que l'hospice civil. Le directeur éprouve le plus grand embarras ; il ne

peut, quelque moyen qu'il imagine, fournir à la quantité de bois et de charbon
qu'on est forcé de consommer. Cette disette existe dans tout ce district, dans tout
le département ; j'en excepte Quimperlé,
peut-être, où le bois, malgré les taillis,
malgré les forêts, qui le couvrent, sont
presqu'aussi chers qu'ailleurs ; mais où
l'on en trouve cependant. Il est étonnant, inconcevable, dans l'instant où tant
d'hommes surveillent, s'ingénient pour
le bien public, qu'on n'ait pris aucune
mesure pour remplacer la totalité des plans
que consomment Brest et Lorient. La hache
frappe, abat, détruit, sans qu'une sage
économie remplace. Le Finistère, jadis couvert de bois, est, dans sa presque totalité,
forcé d'avoir recours aux landes, aux genets, à la tourbe, à la fiente de vache pour
se chauffer, pour cuire ses alimens. Ne
pourroit-on pas extraire de jeunes plans,
des tailles nationales, déterminer par-tout
les propriétaires à les placer, à les entretenir ? ce seroit enrichir la paresse elle-
même, prévenir la perte totale d'un objet de première nécessité, que les spéculations les plus étendues, les mieux conçues

du commerce, ne pourront jamais remplacer.

Morlaix pourroit, en attendant, tirer des bois de la forêt de Befout ; il ne faut pour se procurer cet avantage inappréciable, que réparer le chemin du Pontou au Guerlesquin ; il y a quatre lieues et demi de distance, mais une seule lieue de route à rétablir.

Le magasin des vivres pour la troupe est placé dans le couvent des ci-devant bénédictins, au Calvaire ; c'est un lieu de dépôt pour Rennes, Port-Malo, Brest et Carhaix.

Ici l'éducation des enfans est négligée, abandonnée totalement. N'est - il pas singulier que dans ce port de mer important, on ne trouve ni maître de mathématiques, ni maître d'hydrographie ? Un très-habile homme, le citoyen Dreppe, donne des leçons sur les deux parties, à St.Paul-de-Léon, mais il n'a que seize écoliers ; il en instruiroit un plus grand nombre à Morlaix. Le district et la société populaire l'appellent, il seroit à souhaiter qu'il cédât à cette invitation plusieurs fois répétée, et que le gouvernement levât les obstacles de fortune, qui, peut-être, s'opposent à

l'acceptation de la place honorable et mé-
ritée, qu'on lui propose.

Il y a deux maîtres de musique dans la
ville, pas un dessinateur qui donne des
leçons, pas un peintre, pas un professeur
de physique et de chimie ; ce sont les
maîtres d'écoles du tems passé qui tiennent
les écoles primaires. Tous les préjugés se
professent dans les boutiques : les bonnes
racontent encore des histoires de revenans,
des miracles; chargent d'erreurs le cerveau
des enfans. Comment atteindront-ils à cette
pureté d'idées, de principes et de raison,
qui doit achever la révolution philoso-
phique que nous avons entreprise ? Une
seule idée fausse corrompt toutes les idées,
comme une liqueur coloriée, ternit l'éclat
d'une eau lympide.

Morlaix n'a point de jardins botaniques ;
il n'a ni médecins, ni chirurgiens dont
il puisse disposer ; ils sont tous occupés
des hospices militaires : j'en excepte le citoyen Derne. On y trouve un bon apothicaire.

Les mœurs de ses habitans sont douces ;
ils ont eu, en général, moins de vivacité
d'esprit que de conduite et de raison pendant

les accès les plus brûlans de la fièvre anar-
chique. La société populaire n'a pas porté
les premiers coups; elle agissoit avec cir-
conspection dans les momens d'incertitude, balançoit avant de frapper, mais
une fois aveuglée par quelques fanatiques,
sa modération disparoissoit; aucune atrocité pourtant n'a souillé cette commune,
elle n'a pas versé le sang humain.

Je passe sous silence le procès indécent
de la maison d'arrêt, l'exécrable visite à
laquelle on voulut soumettre tant de femmes, pour reconnoître une coupable; les
crimes de cette nature doivent s'ensévelir
comme le crime des parricides, ils sont
toujours le résultat de nos absurdes préjugés. Le duel et l'infanticide, sont le produit de nos stupides institutions : l'honneur
mal-entendu les enfante, la justice mal-
entendue les punit : les juges de Quimper
étouflèrent sagement cette affreuse affaire ;
ils méritèrent des tyrans qui règnoient à
cette époque, les persécutions qu'ils es-
suièrent, et les hommages que je saisis
l'occasion de leur rendre publiquement.

Supprimez les lois contraires à la nature,
si vous ne voulez nécessiter le crime.

A l'époque des forces départementales, Morlaix agit par l'impulsion de ces hommes dangereux, dont la conduite intéressée, parcourt les deux extrêmes dans une semaine; qui, livrés au mépris public, seront punis long - tems de leur triomphe d'un moment.

Les habitans de Morlaix, sont bons, hospitaliers, loyaux, pleins de franchise; plus grands, mais moins robustes que le reste des Bretons. Les femmes y sont fort jolies, et spirituelles.

Aucun artiste, aucun avocat d'une grande célébrité, aucun poëte fameux n'illustra cette commune ; elle étoit éloignée de la cour, de Paris, du centre des lumières, et maintenue par l'intérêt des rois, par la stupidité du parlement Breton, dans cet état de médiocrité, d'ignorance, que Machiavel a désigné comme le plus favorable au règne des despotes. Tout gouvernement qui prévient le crime, qui fait respecter de bonnes lois, peut être adopté par les hommes ; mais le plus détestable des gouvernemens est celui qu'on établit sur la sottise. En dernière analyse, l'ignorance est le plus grand des maux , et la source de tous les crimes.

On m'a beaucoup vanté un charpentier nommé Queynec; la nature a tout fait pour lui, il combine les forces par instinct, par sentiment et sans études ; il étonne à Brest , où l'on est fait aux combinaisons du génie mécanique. C'est ainsi qu'en parcourant la Suisse, j'ai vu dans des pays sauvages, des artistes de la nature , dont les ouvrages frappent les savans eux-mêmes, comme le langage figuré des femmes de la halle, surprend encore les Lamonnoye , les Dumarsais de notre siècle. Queynec sait à peine le français , il ne connoît que le Breton.

Avant de passer à la description des communes du district , sur lesquelles je me permets des observations, jettons un coup-d'œil sur quelques points d'utilité générale.

Dans tout le Finistère , les chemins de traverse sont des abîmes impraticables dans l'hiver : les voitures s'y brisent; des chevaux , des bœufs , des hommes y sont tous les jours estropiés. J'ai passé des marres où mes chevaux étoient à la nage , j'étois dans l'eau jusqu'à la poitrine. Vous enfoncez dans des terres marneuses, d'où vous ne vous tirez qu'avec peine. Une espèce de terre jaune offre souvent l'apparence de la dureté, de la sécheresse ; c'est un abîme que l'expérience fait éviter aux animaux. En pratiquant de grandes routes , le duc d'Aiguillon n'a rendu qu'un demi-service , toutes les traverses sont à réparer ; mais il en est de si nécessaires au commerce , à l'agriculture , qu'il est indispensable au gouvernement de s'en occuper au plutôt : je les indiquerai dans tous les districts.

On a commencé le grand chemin qui conduiroit de Quimper à Morlaix, en passant par Braspars ; s'il étoit terminé, on éviteroit au voyageur le long coude qu'il est obligé de suivre , soit qu'il prenne la route de Landerneau, soit qu'il préfère celle de Carhaix. On faciliteroit le commerce de tous les districts voisins, avec les habitans des montagnes d'Arès , que cette opération enrichiroit, civiliseroit, etc. On abrégeroit de huit lieues, une route très-fatiguante. Les avantages qui seroient produits par ce travail sont incalculables.

Les frais pour le perfectionner ne seroient pas considérables , les matériaux nécessaires sont par-tout sous la main. Le directoire du district desireroit qu'une autre route partît de cette dernière, du voisinage de Lafeuillée, traversât la commune de Locqueffret, et facilitât la communication qu'on desire avec Châteauneuf, du Faou.

Il seroit urgent de réparer le chemin de Plouganou, pour aider aux transports des grains de cette commune, et de plusieurs autres, au chef-lieu du district.

Si la route de Plougounven étoit mise en état de service, les bois, les fromens, le bétail que cette commune produit, circuleroient avec facilité. Une multitude de villages perdus dans les montagnes d'Arès, pourroient employer cette route, mais il faudroit pour qu'ils en profitassent, la prolonger jusqu'à Calac.

On desireroit encore que la communication du Pontou au Guerlesquin, fût rendue praticable. Guerlesquin étoit l'entrepôt des communes environnantes ; des courtiers s'approvisionnoient à ce marché, de beurre, de suif, de miel, de bestiaux nécessaires à leurs spéculations, à la consommation de leur pays.

Il est aisé d'ouvrir une route par Plou-
milliau qui faciliteroit la communication
de St. - Michel en grève, avec Plouégat-
moysan ; elle aideroit aux relations com-
merciales du Guerlesquin et du district de
Lannion, dans le cas d'attaque sur la côte,
ce chemin suppléeroit à celui de Morlaix à
Lannion, il abrégeroit de trois lieues le
passage de Morlaix à Calac ; observez que
Calac n'a que ce débouché, que cette commune procure au commerce beaucoup de
beurre, de bestiaux, de seigle, des toiles
à voiles, de miel sur-tout, qu'on acqué-
roit jadis pour la Hollande, pour le nord en
général.

Tel est le travail urgent qu'il faudroit
faire pour vivifier le commerce de ce district ; les bénéfices, le bien qui pourroient
en résulter sont infinis.

Les foires sont trop multipliées dans ces
contrées, elles arrachent le cultivateur à
ses travaux ; il s'y rend par habitude, souvent moins attiré par la nécessité, par des
besoins réels, que par la manie des échanges, que pour céder à sa paresse, à l'espèce
de débauche, à l'ivresse que ces assemblées
déterminent.

La plupart de ces foires d'ailleurs sont moins établies par une sage distribution, que par les hasards de la féodalité ; tel canton n'en a pas assez, parce qu'il ne possédoit qu'un fief subalterne, tel autre en a beaucoup trop, parce qu'il dépendoit d'un grand seigneur accrédité.

Je donnerois le tableau des anciennes, s'il pouvoit être de quelque utilité ; je préfère de transcrire l'état de celles, qu'après un mûr examen, l'administration croit nécessaire dans toute l'étendue du district.

A Morlaix.   Une foire le 15 de chaque mois.

A Plouezoch.   3 *idem.* les 1.er vindémiaire, 29 frimaire, 11 ventose.

A St.-Paul.   4 *idem.* les 11 vindémiaire, 1.er nivose, 19 ventose, 1.er prairial.

A Guerlesquin.   4 *idem.* les 29 vindémiaire, 11 nivose, 11 germinal, 11 prairial.

A Pleiber-St-Christ.   4 *idem.* les 1. brumaire, 29 nivose, 11 germinal, 29 prairial.

(47)

A Plougounven. 4 foires, les 11 brumaire,
    1.ᵉ pluviose , 29 germinal , 1.ᵉʳ
    messidor.

A St.-Thegonec. 4 *idem*. les 29 brumaire ,
    1ᵉ pluviose, 1.ᵉʳ floréal, 11 messidor.

A Lanmeur. 4 *idem*. les 1.ᵉʳ frimaire , 29
    pluviose , 11 floréal , 29 messidor.

A Taulé. 3 *idem*. les 11 frimaire, 1.ᵉʳ ven-
    tose , 29 floréal.

Toutes les foires ne seroient que d'un
jour à Morlaix.

Celles de vindémiaire, nivose, germinal
et messidor , en dureroient deux.

Les objets de commerce qu'on y trouve,
sont en général les bestiaux, les grains,
les toiles, la graine de lin.

A Morlaix, la foire de la semaine blanche se régloit d'après l'époque des roga-
tions ; on y conduisoit une grande quantité
de veaux, de porcs, de vaches, de bœufs,
de chevaux, des planches, etc. ; elle pouvoit être un objet de 60 à 70 mille l. ; celle
des 15 et 16 octobre, consistoit en bestiaux,
toiles , fils , bled , draperies, beurres,
couvertures , miel, etc., d'environ 200
mille liv. de mouvance.

Le Finistère , entouré d'eau, est pres-

que toujours couvert de brouillards, il y
pleut beaucoup ; mais à Brest, à Morlaix
il pleut sans cesse ; les années de sécheresse
sont mauvaises dans ces cantons, l'humidité habituelle ne rend pas le climat mal-
sain.

Un vieux proverbe dit, (c'est Dieu qui
parle) :

« En bro isel pa nen dan tuddevahìn à
» la quan. »

« Si les Bas-Bretons ne me voient pas
» chez eux ; ils y trouvent au moins la
» santé. »

C'est à Brest que vécut Jean Causeur.

La côte du Léonnais nourrit une multitude de vieillards vigoureux ; à Plougasnou,
sur-tout, on ne connoît pas d'infirmités.
On verra par les détails que je donnerai,
que tout être assez vigoureux pour résister
aux tempêtes habituelles, aux travaux des
rives de la mer, doit prolonger sa carrière
jusqu'au terme le plus reculé.

Ici, l'habitant des campagnes ne connoît
guères que les fièvres chaudes ; une transpira-
tion supprimée, les occasionne : le seul
remède qu'il emploie est le vin chaud ; il
y mêle un peu de sucre, et dans les cas
désespérés

désespérés, du poivre et de l'eau - de - vie.
Si ce secret ne lui réussit pas, il déses-
père du malade. Il est très-rare qu'on ait
recours aux médecins, dans les campagnes,
le maréchal guérit les plaies, donne des
drogues ; la jonbarde est particulièrement
employée par eux dans les dissenteries. Un
de leur principaux remèdes pour les bles-
sures, est cette pellicule blanchâtre qui s'é-
lève sur les crêpes moisies, (crampoes
mouzec); ils l'enlèvent et l'appliquent sur
la plaie. Ils ont perdu les anciennes idées
de leurs pères sur la verveine ; elle jouoit
un rôle trop marquant dans les cérémonies
druidiques, pour que le catholicisme ne les
ait pas entièrement détruites ; ils se servent
cependant de vervaine pour diviser et dissi-
per le sang extravasé ; ils l'appliquent sur les
contusions. Ailleurs, j'aurai l'occasion de
vous parler des enchantemens, des paroles,
des pansemens merveilleux, qu'ils exé-
cutent sur leurs malades, et des jongleurs
de la Bretagne.

Les eaux, trop vives dans quelques communes, y causent, dit - on, des maladies
scrophuleuses, principalement dans celles
de Garlan, de Lanmeur et de Plouigneau.

D

Le froid, à Morlaix, est moindre de six à sept degrés qu'à Paris, dont il est éloigné de cent huit lieues ; la latitude est à-peu-près la même ; la chaleur n'est jamais très-vive. En ces contrées, il y a beaucoup plus de variété dans le caractère des habitans, que dans la température de l'air et le climat ; ce qui démontre que les institutions civiles, les formes du gouvernement influent sur l'homme, autant au moins que sa position sur le globe. Une rivière sépare les habitans du canton de Tréguier, de ceux du pays de Léon : les premiers sont d'une gaîté, d'une légèreté, d'une vivacité d'esprit qui n'existe pas chez les autres ; ils se délassent en dansant ; les musettes, les hautbois, les tambourins les appellent d'une manière irrésistible. Les habitans du Léonois sont graves, froids, mélancoliques, ils ne dansent que rarement.

On ne sera pas étonné de la variété presque infinie du sol de ces contrées, quand on se rappellera leur forme montueuse et leur exposition à tous les airs de vents, à tous les aspects du ciel : on y trouve des terres de toutes couleurs, tantot légères, tantôt assises sur un fonds d'argile, de tufs ou de rocher, tantôt sur des sables, abandonnés jadis par l'Océan. Ici, l'on est forcé d'amaigrir, là, d'engraisser les champs ; on les couvre de fumier d'animaux, de goemon, on les melange de gros sable. A peine la charue peut-elle effleurer la terre sans rencontrer le roc dans quelques lieux ; elle pénètre à la plus grande profondeur dans le parc voisin, et n'atteint pas au fond de la terre végétale. Vous parcourez souvent un grand espace sans y trouver une fontaine, le moindre filet d'eau ; ailleurs, et généralement, une multitude de ruisseaux et de sources fécondent de riches prairies, font tourner des moulins, et répandent dans l'air une humidité bienfaisante. Si les principes d'économie rurale, qui se propagent dans le reste de la France, s'établissoient dans la Bretagne, si l'on pouvoit arracher à leur routine les habitans de ce riche pays, s'ils ne craignoient avec superstition, de labourer un champ qu'a négligé leur père, si l'absurde croyance que la lande est le meilleur des engrais, étoit détruite ; s'ils vouloient former des prairies artificielles, comme ils le pour-

roient faire sans frais et presque sans travail, leur pays seroit le plus riche , le plus
fécond de la nature. Que seroit-ce s'ils dé-
roboient aux invasions de la mer les immenses terreins qui bordent leurs rivages ?
La ci-devant Bretagne est le seul pays de
la République, où, par l'agriculture, on
puisse faire encore une immense fortune.

Il n'existe aucune forêt dans le district
de Morlaix on s'y procure du bois avec
la plus grande difficulté ; dans les campagnes sur-tout, les chauffages se font avec
des genets, des landes et des mottes de
tanneries. On cultive les landes et les genêts sur les fossés comme ailleurs ; on y
soigne les chênes et l'ormeau, ce n'est pas
que la terre se refuse à la production des
arbres, ou que les vents les empêchent de
croître. Tous ces pays étoient jadis couverts de bois ; Brest a tout consommé, et
l'ancienne maîtrise des eaux-et-forêts,
comme ceux qui la remplacent , négligent
de faire replanter l'arbre qu'on est forcé
d'abattre.

Dans les environs, à la Feuillée, district
de Carhaix, à Loquefret , district de Chateaulin, il existe une espèce de tourbe ,

qui, dans les circonstances forcées peut suppléer aux bois, au charbon de bois et au charbon de terre; quelques forgerons l'emploioient sans communiquer leur découverte; j'en ai vu faire l'essai en grand dans les forges de Brest, en présence de quelques représentans du peuple, sous la direction du citoyen Rochon, avec le plus heureux succès. Il existe deux sources d'eau minérale dans le district.

Ceux qui traversent la Bretagne (car personne, je crois, n'y voyagea pour l'étudier ou par curiosité), ne se doutent ni de sa fécondité ni de sa population : les landes immenses qu'ils apperçoivent ne leur donnent que des idées de sécheresse, de misère et d'aridité; les maisons cachées derrière des fossés, dans des fouillis d'arbres et de buissons, toujours dans les lieux les plus bas pour que les eaux se rassemblent auprès d'eux et servent à la putréfaction des pailles, des landes, des genêts dont ils font leurs fumiers, ne sont apperçus que des chasseurs. Le calcul le plus vraisemblable que je connoisse sur la population, l'a portée (je parle des cinq départemens) à 2,211,250 individus, et la plus juste appréciation de la surface lui donne 1,609 lieues quarrées, sans y comprendre les îles, ce qui fait un total de 7,240,500 journaux ; le journal de 80 cordes quarrées et la corde de 24 pieds. On présume que sur cette immense étendue, il y a plus de 2,000,000 de journaux de terre en rapport. Que feroit cette contrée si la marine et les armées n'enlevoient pas à la culture une si grande quantité de bras ? Les landes occupent en Bretagne , 3,006,000 journaux d'un sol susceptible d'un grand rapport.

Dans le district de Morlaix, les terres voisines de la mer sont plus productives que celles qui s'approchent des montagnes ; ici, l'on nourrit des troupeaux , là, l'on obtient les plus riches moissons.

On ne sème que du seigle , de l'avoine et du Sarazin sur un tiers de la surface de ce district ; les fromens , les orges et le lin n'y peuvent par-tout réussir.

Année commune le froment barbu donne de 7 à 8 pour un ; le froment sans barbe de 8 à 9, et le froment de mars de 10 à 12.

Le sarazin , quand il a complettement réussi, rend de 18 à 20 pour un.

Le seigle est la plus grande ressource du

canton, mais il craint, dans le tems de sa floraison, un brouillard très - froid, suivi d'une gelée très-forte qui l'endomage et détruit quelques fois la moitié de ses produits ; ce malheur s'est fait sentir cette année.

La récolte des lins et des foins est égale à celle des navets et des panais, dont on nourrit les beaux et forts chevaux que les Normands viennent acheter, et revendent à Paris après les avoir transportés dans les prairies du Cotentin, etc.

Les réquisitions forcées, faites sans régle, sans mesure ont enlevé comme partout les animaux du labourage ; il est à craindre que le tort fait aux campagnes, ne se répare de long-tems.

Le district de Morlaix n'est pas ce qu'on appelle un pays à grande culture ; les plus fortes fermes n'ont qu'une charrue. Les possessions, en certains endroits, sont tellement divisées, que les propriétaires empruntent à leurs voisins plus riches les instrumens du labourage.

La charrue commence le travail ; des instrumens, maniés à force de bras, l'achèvent : on ne se sert communément de

la herse, que pour diviser les terres des-
tinées au lin, au sarazin.

Le seigle, l'avoine et le sarazin sont
cultivés dans tous les cantons sans égalité
dans les proportions et dans les rapports.

Dans les montagnes, ou dans leur voisinage, le sol est maigre et graveleux ;
presque partout on le laisse en jachères,
où l'on élève des bestiaux. Après trois ou
quatre années de repos, on y sème du
bled noir, du seigle, enfin de l'avoine.

Les terreins plus compactes et plus gras,
ont moins de repos ; il en est qui sont toujours en activité, mais partout on alterne
les semences.

On sème beaucoup de lin, très-peu de
chanvre, moins qu'il n'en faut pour les
usages domestiques.

Partout, pour tenir lieu de fourrage,
on cultive de gros navets et du jonc marin,
le panais ne réussit que dans la montagne.

La culture des pommes de terre se répand dans toute l'étendue du district.

Les prairies y sont bonnes ; il en est qui
donnent trois récoltes par an, deux en
verd, une en foin : on y néglige les prairies artificielles. On cultive du tréfle, ma

en petite quantité ; la luzerne et le sain-
foin sont presque inconnus au cultivateur.

Tant de détails paroîtront minutieux ,
peut-être ; mais des apperçus brillans et
vastes donnent des idées vagues ; les détails,
des idées précises.

Dans la Bretagne , l'habitation des laboureurs est à - peu - près par - tout la même ,
presque toujours elle est située dans un
fond , près d'un courtil. Un appenti couvert de chaume conserve les charrues et
les instrumens du labourage ; une haire
découverte , sert à battre les grains. On n'y
voit point de granges , les bleds battus se
déposent dans les greniers de la maison
principale , ou se conservent en mulon.
Autour des bâtimens , règnent des vergers
enchanteurs, des champs et des prairies toujours entourées de fossés couverts de chênes
ou de frênes , d'épines blanches , de ronces
ou de genêts ; on ne voit point dans le
reste du monde de paysages plus rians ,
plus variés , plus pittoresques. Tous les
fossés sont tapissés de violettes , de perce-
neiges, de roses, de jacintes sauvages , de
mille fleurs de couleurs les plus vives,
d'une incroyable variété ; l'air en est par-

fumé, l'œil en est enchanté. Mais au milieu de ces sites délicieux, vivent les individus les plus sales, les plus grossiers, les plus sauvages ; leur cahute sans jour, est pleine de fumée ; une claie légère la partage : le maître du ménage, sa femme, ses enfans et ses petits enfans occupent une de ces parties ; l'autre contient les bœufs, les vaches, tous les animaux de la ferme. Les exhalaisons réciproques se communiquent librement, et je ne sais qui perd à cet échange. Ces maisons n'ont pas trente pieds de long, sur 15 de profondeur ; une seule fenêtre de dix-huit pouces de hauteur, leur donne un rayon de lumière ; il éclaire un bahu, sur lequel une énorme masse de pain de seigle est ordinairement posée sur une serviette grossière ; deux bancs, ou plutôt deux coffrets sont établis le long du bahu, qui leur sert de table à manger. Des deux côtés d'une vaste cheminée, sont placées de grandes armoires sans batans, à deux étages, dont la séparation n'est formée que par quelques planches où sont les lits dans lesquels les pères, les mères, les femmes et enfans entrent couchés, car la hauteur de ces étages n'est quelquefois

que de deux pieds ; ils dorment sur la balle
d'avoine ou de seigle , sans matelats, sans
lits de plumes, sans draps ; beaucoup d'entr'eux ne sont couverts que d'une espèce
de sac de balle , très-peu se servent de
couvertures de laine, quelques-uns en possèdent de Ballin ; c'est une espèce d'étoffe
tissue de gros fil d'étouppe. Ils emploient
aussi quelquefois des couvertures de poil :
si par hazard , ils ont des draps , à peine
atteignent-ils les deux extrêmités du lit.
Le reste de leurs meubles est composé ,
d'écuelles d'une terre commune , de quelques assièt d'étain , d'un vaisellier ,
d'une pla ne à faire les crêpes, de chau-
drons , d'une poèle et de quelques pots
à lait ; je n'ai pas besoin d'avertir que
cette peinture générale , d'une habitation
de campagne, en Bretagne , doit être soumise à quelques exceptions : j'ai vu des
maisons champêtres où tous les meubles,
où tous les ustensiles étaient d'une propreté
enchanteresse, lavés, nétoyés, cirés ; mais
ces maisons sont rares, et sont toujours
sans air, étroites et privées de lumière.
Je n'ai pas parlé du parquet, jamais il n'est
carelé, ni boisé, ni pavé ; la terre inégale

en sent, on pourroit se casser la jambe dans les trous profonds qui s'y forment : les enfans s'y blessent, s'estropient fort souvent, ces hommes sont incorrigibles. Imaginez la malpropreté, l'odeur, l'humidité, la boue qui règnent dans ces demeures souterraines, l'eau de fumier, qui souvent en deffend l'entrée, qui, presque toujours, y pénètre : ajoutez-y la malpropreté, la gale originelle héréditaire, et des pères et des enfans, la malpropreté d'individus qui ne se baignent, qui ne se lavent jamais, qui sortent des fossés, des mares, des cloaques où l'ivresse les avoit précipités ; peignez-vous ces cheveux plats et longs, cette barbe épaisse, ces figures chargées de raies crasseuses, les courts gilets, les culottes énormes, les petits boutons, les guêtres, les sabots qui forment leur habillement, et vous aurez l'idée d'un paysan breton.

Ne jugez pas ces gens sur l'apparence ; ils sont en général hospitaliers, intelligens et fins, ils ont une raison solide, ils calculent avec justesse, l'imagination domine chez eux. Les prêtres en ont abusé; on verra par les détails que le cours de mon ouvrage

déterminera , quel est l'excès de leur superstition , combien de rêves les dominent ;
ils vivent au milieu des ombres , des démons , des fées , des revenans et des sorciers ; ils les voient la nuit, le jour , dans
leur sommeil , au coin de leurs fossés , dans
les airs et sur les nuages. Aux contes du
catholicisme , aux pratiques de la religion
romaine , ils ajoutent le matériel de la religion druidique , dont ils n'ont oublié que
les idées sublimes : l'intérêt les a rendus
sages , il les empêche d'être entièrement
fous. Dom Quichotte parlait comme Féné-
lon , quand la chevalerie , la gloire , les
combats , ne le ramenoient pas à ses extravagances. Hélas ! quel est l'individu sur la
surface de ce monde et probablement dans
les autres dont on n'ait pas gâté le cerveau
par des taches d'extravagance !

Ces observations s'appliquent au district
de Morlaix , à ses habitans comme à ceux
des autres districts du Finistère ; à l'exception cependant de ce qui peut embellir ce
tableau , je parle de ces jolis bosquets qui
couvrent, qui décorent les chaumières ; ici
tout est ras, tout est sec ; on rencontre quelques plantes près des chapelles ou des fon-

taines, quelques petits bouquets de bois aux environs des manoirs principaux, épars sur une grande surface. On voit quelques maigres taillis, des allées assez belles et des sapins. Les fossés qui partout sont couverts d'arbres et de buissons ne portent ici que des landes ; s'il est un pays où l'on doive aider, commander des plantations, c'est celui-ci.

Je reviens aux détails qui concernent particulièrement les dépendances de Morlaix.

Le Goemon (le varec) est l'engrais principal des côtes. Je décrirai la manière dont on l'arrache à la mer, aux rochers : on en fait des amas, on le fait sécher au soleil on le dépose sur les terres, il s'y mêle quand on les laboure ; ailleurs le cultivateur emploie le fumier d'animaux, des herbes, des pailles, du feuillage, des landes, des genêts foulés aux pieds, écrasés par les voitures, pourris par l'eau des chemins creux, sur lesquels il les étend. Les terres lourdes sont divisées par des sables fins de la grève, quelquefois un gros sable nommé merle, chargé de débris de coquilles s'incorpore dans les guérets par la herse et par la charrue.

Dans cette contrée, comme en Suisse, on répand sur les prairies l'eau qui s'écoule des fumiers.

On n'est point dans l'usage en Bretagne de donner du sel aux bestiaux.

Les beaux chevaux , les animaux du Léonais se nourrissent de panais, de choux, de navets, de trefle ; dans l'hyver on leur donne l'extrêmité des landes pilées dans des auges de pierre avec de l'herbe et de la paille.

Les cultivateurs mangent peu de viande : deux fois par semaine ils servent sur leur table du porc et du far de bled noir. Dans quelques cantons ils se nourrissent de pain d'orge mêlé de seigle. Avant la suppression du maximum ils s'étoient décidés à manger leur froment, nourriture trop légère pour les soutenir.

Une fois par semaine ils font des crêpes de bled noir. Ils mangent beaucoup de lait, de beurre et de bouillie, peu de poisson, même sur la côte.

Ils consomment peu de cidre; leur canton n'en produit pas ; ils ne boivent de vin que dans leurs maladies, ou quand ils font quelques marchés.

En général , dans le district , les fruits sont rares et médiocres , les jardins de Morlaix en fournissent de bonne espèce ; la poire de roussette et la pomme de pigeonnet y sont parfaites.

J'ai déjà dit que le marché de cette commune étoit richement pourvu de légumes de toute espèce, de ceux surtout qui naissent autour de la ville de Roscoff qu'on peut regarder comme le jardin de la Bretagne.

On cultive dans tout ce pays une espèce de choux verds qui s'élèvent à 3 ou 4 pieds de terre ; c'est une grande ressource pour les fermiers, c'est la principale nourriture de leurs vaches.

La chasse est assez abondante dans ces cantons ; on y trouve beaucoup de lièvres, de perdrix, quelques sangliers, une grande quantité de loups. Le département par une sage mesure vient de nommer le citoyen Lasentière , pour les poursuivre dans toute l'étendue de son ressort : c'est un chasseur déterminé , actif , infatigable ; la somme qu'on lui donne , pour l'entretien de sa meutte, de ses piqueurs , de ses chevaux etc. me paroît insuffisante.

La

La côte fournit une grande quantité d'oiseaux de mer.

Les jours de fêtes, dans les nôces, le veau, le bœuf, le far au four, les vins de toute espèce, l'eau-de-vie, quelque chère qu'elle soit, sont prodigués ; on s'égaie, on s'enivre sur-tout, au son du Beniou, des tambourins, et des bombardes. On chante des chansons fort gaies, sur des airs pleins de vivacité, d'une mesure pressée ; on danse avec un à-plomb, une justesse d'oreille inimaginables.

Dans les tems passés, rien n'égaloit la dévotion des deux sexes : dans les églises, les hommes séparés des femmes, à genoux, immobiles comme elles, débitoient, sans les entendre, des prières qu'ils croyoient propres à guérir toutes les maladies, à féconder les champs, à chasser les démons, à se procurer des maîtresses, à ruiner ses ennemis. L'espoir de ces succès leur communiquoit un enthousiasme qui tenoit du délire, il les émeuvoit, les agitoit, chassoit l'ennui ; à présent je les ai remarqués par-tout languissans sur le pas de leurs portes, oisifs, inconstans, ennuiés, n'ayant ni les courses, ni les luttes, ni la soule des tems passés, privés souvent du vin qui les distrait, ils périssent inanimés. Ou rendez-leur les charlatans qui les agitent, ou donnez-leur d'autres moyens de dissipation, d'exercice et de mouvement : la raison peut suffire aux sages, elle ne suffit pas encore à nos bons paysans. Rien ne remplace encore des anges, des démons, et des millions de merveilles, le purgatoire, le ciel et l'enfer, ces serpens punissans les coupables, en les rongeant jusqu'aux entrailles ; ces chaudières bouillantes où l'on précipitoit les malfaiteurs, et ce paradis de délices où l'on récompensoit les justes. Un stupide instituteur leur traduit en mauvais breton, des décrets peu récréatifs ; un agent infidèle les insulte, les injurie, leur arrache le fruit de leur travail, le résultat des succès de l'année, les corps constitués, les agens nationaux, les juges les citent à leurs tribunaux, les balottent, les emprisonnent, les renvoient, et leur font payer largement le geolier qui les fait coucher dans un cachot obscur et sans paille et sans nourriture.

Les bœufs qu'un vivrier ne leur a pas ravis, sont mangés par les loups qu'ils ne peuvent chasser : ils sont sans poudre, sans fusil. Et qu'est-ce encore que cet état, si vous le comparez au tems de Robespierre ? Ah ! ce n'est pas ainsi qu'on ramène des hommes, et qu'on parvient à les guider. La douceur et l'honnêteté peuvent tout chez l'habitant de nos campagnes; l'insulte, le mépris, les irritent, les désespèrent. Pourroit-on les punir d'une ignorance qu'on n'a pas su détruire, de désordres qu'on n'a pas prévenus ? Ils sont foibles, soutenez les ; ignorans, donnez leur vos lumières ; égarés, essayez de les ramener. Vous avez détruit l'esclavage en principe ; qu'il disparoisse en réalité ; espérez tout du tems, de la persévérance dans les sentiers de la justice; souvenez-vous surtout, que quand on a gâté ses enfans, on doit s'attendre à des sottises.

ÉDUCATION.

J'ai déjà dit que les maîtres essentiels dans

un port de mer, manquoient à Morlaix ; on peut trancher sur cet objet et déclarer avec la plus grande vérité que, comme ailleurs, l'éducation est entièrement nulle dans cette commune et dans son arrondissement. Sans doute dans la multitude d'instituteurs qu'on a choisis par tout, il s'en trouve dont les talens, la patience, et le patriotisme égalent la sobriété ; mais je déclare avec franchise, depuis ma tournée dans tant de communes, le mot instituteur est pour moi le synonyme d'ignorant et d'ivrogne. C'est au milieu des fureurs des dénonciations, qu'on a distribué des places dans des assemblées ensorcelées où quatre individus savoient à peine lire. Le lâche qui, par son atrocité, prêchoit avec le plus de rage, l'assassinat et le mépris des loix, le chef de bande que l'eau-de-vie, l'ivresse, rendoit audacieux ; qui soutenu par le poignard des assassins, insultoit le plus brutalement à toute espèce de règle et de vertus.... l'impudent qui faisoit passer des comptes frauduleux, en menaçant les corps constitués, intimidés, montrés au doigt, sacrifiés sous le couteau; l'infâme...... qui trahit son ami, son ami

de collège, qui l'appella chez lui, l'échauf-
fa dans son sein , qui le plaça dans son
propre lit , pour le livrer à ses bourreaux. . . . Voilà, voilà les instituteurs établis pour rappeller les vertus, les talens,
les mœurs dans ma patrie. . . . Représentans
du peuple, organisez l'éducation publique,
ou vous assassinez la liberté.

Dans les comptes rendus par les agens
nationaux, par les districts, vous lirez,
quand ils parlent des instituteurs, ils sont
bons patriotes et bons républicains, ils sont
pères de familles. Qu'étoit un patriote dans
le tems de leur élection ? ils sont républicains ; eux, ces êtres qui jadis végé-
toient dans les emplois les plus obscurs de
l'ancien régime ? Si complétement ignorans , si plats aux pieds de l'homme en
place , chantant au lutrin du village, ils
sont républicains ! Quoi, 3o et 5o ans d'é-
tude , à l'académie, chez Socrate, chez
Platon et chez Aristote ; des voyages en
Egypte, en Sicile, en Italie ; des méditations dans la solitude, dans la bibliotheque
de Pergame et d'Alexandrie, formoient à
peine un homme, un législateur : et ces mes-
sieurs sont tous républicains ! Les mœurs,

les climats, les empires leur sont connus : ils ont examiné quel est le gouvernement qui convient à tel peuple, etc. etc.

Espérons, que cet affreux désordre va cesser, et que le peuple instruit par ses malheurs, réparera par de bons choix les crimes de son insouciance, de sa foiblesse et de son inexpérience.

Je terminerai mes observations sur Morlaix, par quelques notes sur les rêves de l'imagination, sur les usages, sur quelques coutumes étrangères au reste de la France. Il n'est point de pays, même en Afrique, où l'homme soit plus superstitieux qu'il l'est en Bretagne. Les prêtres, avant la révolution, étoient, pour ainsi dire, adorés comme des dieux. Le moment actuel nous démontre assez leur influence ; généralement les paysans n'ont regreté ni le roi ni les nobles, mais ils ont pleuré la perte de leurs pasteurs ; et quelles extravagances n'ont-ils pas faites ? quelle joie d'enfans n'ont-ils pas témoignée quand on les leur a rendus ? Ils ont retrouvé leur soutien, leur appui ; leur tristesse s'est évanouie, leur ciel est devenu serain, ils ont senti renaître leur courage.

De tout tems la religion guida l'homme dans ces contrées, avec plus d'influence encore que sur le reste de la terre. Le gouvernement théocratique des druides , les millions de génies dont ils peuplèrent les élémens , la puissance des sages sur la nature , tous les rêves de la féerie , le culte des arbres , des fontaines , ne furent point détruits par les apôtres du catholicisme. On transporta sur les nouveaux saints , les miracles des saints du tems passé. On ne voit dans leurs légendaires, que solitaires chastes, sobres et vertueux, vivans dans les forêts , bravant l'inclémence des airs ; ils appaisent les tempêtes, fendent les flots de l'océan, passent la mer à pied sec, voguent sur des urnes de pierre, métamorphosent en arbres leurs bâtons ; les fontaines naissent sous leurs pieds , les maladies se guérissent, l'air s'embaume à leur passage, les morts ressuscitent, et l'univers est soumis à leurs loix.

Les efforts d'une religion jalouse, les lumières répandues dans l'Europe , le tems qui détruit tout, n'a pu changer les rêveries de nos laboureurs. Ils se meuvent, ils agissent dans un monde réel , quand leur imagina-

tion erre sans cesse dans un monde de chimères et de fantômes. L'oiseau qui chante
répond à leurs questions, marque les années de leur vie, l'époque de leur mariage :
un bruit fortuit répété trois fois, leur prédit
un malheur ; les hurlemens d'un chien leur
annonce la mort ; le mugissement lointain
de l'océan, le siflement des vents entendus
dans la nuit, sont la voix du noyé qui demande un tombeau. Des thrésors sont gardés par des géans et par des fées : chaque
pays a sa folie ; notre Bretagne les a toutes.

Dans les cantons environnant Morlaix,
on craint des génies nommés Teuss. Le
Teusarpouliet se présente sous la forme
d'un chien, d'une vache, ou d'un autre
animal domestique. Tout l'ouvrage de la maison est exécuté par eux comme par nos folets.

On parle du *Cariquel-Ancou* (la brouëtte
de la Mort) : elle est couverte d'un drap
blanc, des squelettes la conduisent ; on en-
tend le bruit de sa roue, quand quelqu'un
est prêt d'expirer ; rappelez-vous les signes
de Lusignan. . . . .

Sous le château de Morlaix, il existe de
petits hommes d'un pied de haut, vivant
sous terre, marchant et frappant sur des

bassins ; ils étalent leur or et le font sécher au soleil. L'homme qui tend la main modestement, reçoit d'eux une poignée de ce métal ; celui qui vient avec un sac, dans l'intention de le remplir, est éconduit et maltraîté ; leçon de modération qui tient à des tems reculés.

Les laveuses *ar cannerez nos*, (les chanteuses des nuits) qui vous invitent à tordre leurs linges, qui vous cassent le bras si vous les aidez de mauvaise grace, qui vous noyent si vous les refusez, vous portent à la charité ; etc. etc.

Je m'étendrois beaucoup dans cet article, si mon projet n'étoit de vous donner les détails de cette espèce dans les différentes communes que nous avons à parcourir.

On appelle pardons en Bretagne, une chapelle, une fontaine, un lieu consacré par le souvenir de quelque saint, de quelque miracle. On s'y confesse, on communie, on y donne l'aumône, on se soumet à quelque pratique superstitieuse, on achete des croix, des chapelets et des images qu'on fait toucher à la statue du demi-dieu ; on frote son front, son genou, son bras paralisé contre une pierre merveilleuse ; on jette des liards et des épingles dans les fontaines, on y trempe sa chemise pour se guérir, sa ceinture pour accoucher sans peine, son enfant, pour le rendre inaccessible à la douleur.

On se retire après avoir dansé, après s'être enivré, vide d'argent, mais riche d'espérance. Ne retrouvez-vous pas dans ces pratiques, les superstitions des ages les plus reculés ; le culte des eaux, l'ancien usage des Gaulois qui consacroient dans leurs fontaines l'or saisi chez leurs ennemis, l'or de Toulouse ? etc.

Les mariages offrent encore d'étranges singularités dans la Bretagne, d'intéressans rapports. Le mari, dans certains cantons, enlève sa femme comme les vieux Samnites ; on la cache ailleurs, le mari la cherche souvent pendant trois jours. Dans beaucoup d'endroits, le marié ne s'approche de sa moitié que la troisième nuit après les nôces ; les époux, les garçons et les filles d'honneur, couchent ensemble la première nuit. Un usage encore plus bizare a lieu dans le Morbihan : après avoir conduit dans le lit nuptial les amans qui se sont unis, le garçon d'honneur, le dos modestement tourné, tient une chandelle à la main, et ne s'enfuit, ne disparoît que quand elle lui brule les doigts.

Dans le district de Morlaix, dans beaucoup d'autres lieux de la Bretagne, on demande en vers les filles en mariage. Des bardes font assaut d'esprit et de génie, l'un pour obtenir, l'autre pour défendre une belle. Je ferai connoître les combats et ces vers, les jeux, les courses de chevaux, mille usages enfin plus éloignés des mœurs du reste de la France, que de celles de la nouvelle Hollande, des Hotentots et du Mexique.

On ne jette plus de fleurs sur les tombeaux ; un petit bénitier placé sur chaque tombe, aide à chasser les mauvais anges qui troublent le repos des morts. On les veille pendant quelques nuits, pour empêcher les diables de les emporter en enfer. Dans le Léonois, on dit à ceux qui foulent les tombeaux :

Quit a ha lessé divan va anaou :
Mot-à-mot ;

Retirez - vous de dessus mon trépassé.

On a dans ces contrées une profonde vénération pour les morts.

Les femmes en deuil , dans ce pays ,
portent une espèce de capuchon à queue ;
les hommes , aux enterremens , sont vêtus
de manteaux bleus. Si dans ces notes j'avois
oublié quelqu'usage intéressant , il se pré-
sentera sans doute dans la suite de mon récit. Passons à St.-Pol-de-Léon , à Roscoff,
à l'île de Bas, dépendans du district de
Morlaix.

St.-POL-DE-LÉON.

La route qui conduit de Morlaix à St.-
Pol-de-Léon , est une terre sèche et dé-
serte , mais bonne. Une petite chapelle entourée d'arbres , quelques ances où la mer
pénètre les environs de deux ou trois maisons de campagne , sont les seuls objets qui
puissent récréer la vue , dans cet espace de
quatre lieues. L'aspect de St.-Pol est riant.
Cette jolie ville est située sur une coline,
et sur les rives de la mer : quelques églises
élevées , et sur-tout le brillant clocher de
Creisker , lui donnent un air d'élégance qui
contraste avec l'aridité du pays que vous

venez de parcourir. La nudité des campagnes disparoît auprès de Léon qui domine sur les beaux arbres, sur les peupliers piramidaux qui l'environnent et la décorent.

Cœsar la nomme cité des Ossismiens; nos légendaires, occismor: elle s'appela, dit-on, Légionensis-Pagus, sous les Romains, d'où s'est formé le nom de Léon. Elle est située par les 6 dégrés 20 minutes et 20 secondes de longitude, et par les 48 dégrés 40 minutes, 52 secondes de latitude.

Le district de Morlaix porte à 4832 individus, la population de St.-Pol-de-Léon; elle s'élevoit, avant la révolution, à 5400. Cette ville, pour son bonheur, marque peu dans l'histoire, malgré sa haute antiquité.

En 421, le roi Salomon abolit la loi qui condamnoit à l'esclavage les enfans de tous ceux qui ne pouvoient payer les taxes; barbare coutume établie par les Romains qui commirent tant de vexations dans la Bretagne, qu'ils nécessitèrent la révolte de 409.

Le 10 mai 643, Alain, surnommé Lelong, roi de Bretagne, ouvrit ses états dans St.-Pol; il s'occupa, de concert avec l'assemblée nationale, del a réforme des abus.

En 1163, le roi d'Angleterre rasa le château de St.-Pol. Par ordre du roi Richard, en 1189, les Cotereaux ravagèrent le pays de Léon.

On assure que Conan de Léon, surnommé Lecourt, assommoit d'un seul coup de poing, l'homme le plus vigoureux ou le plus fort cheval.

Le duc Jean premier, dit Leroux, voulut en 1250, jouir du droit de Bris sur les terres du seigneur de Léon, et porta la guerre dans son pays.

En 1310, Pierre Boich, jurisconsulte célèbre, né à St.-Pol de Léon, composa sur les décrétales et sur les clémentines, un livre qui fut imprimé à Venise en 1576 ; on en conservoit le manuscrit dans la cathédrale de Cambrai.

Pierre Carnenge Kernengui ou Kermengui, de l'ordre des grands carmes, docteur de Sorbonne, naquit dans cette ville. Il s'acquit une grande réputation dans les siences : il nous a laissé une histoire éclésiastique, l'histoire de son ordre, une critique des constitutions et des commentaires sur Aristote. Il mourut en 1471.

François Eguinard Baron, natif de St.-

Pol-de-Léon , enseigna le droit à Bourg : le célèbre Duaren , aussi breton , vivoit dans la même ville. Baron y mourut en 1550.

Un des plus singuliers droits que nous offre le gouvernement féodal , est celui de motte , attribué au seigneur de Léon. Ses vassaux appelés serfs de motte , ne pouvoient quitter les terres du vicomte ; s'ils le faisoient , le seigneur ou ses officiers pouvoient les saisir , leur mettre la corde au col , les ramener à leur motte et leur infliger une peine corporelle ou pécuniaire.

Dans le catalogue des évêques de Léon , on donne de curieux détails sur l'entrée de Philippe de Coëtquis dans son évêché de St.-Pol , en 1421. Le seigneur de Kormorvan (Tangui) tenoit la bride du cheval de l'évêque ; le chapeau bas , il soutint l'étrier pour l'aider à descendre. Le cheval et tout l'équipage lui furent donnés selon l'usage : quand l'évêque fut assis , le même gentilhomme lui ôta les bottes , les éperons , se saisit de son chapeau , de son manteau et garda le tout. Quelques momens après , l'évêque fit appeler les seigneurs de Kermorvan , Alain de Coëtivi et Guiomark de Kervern , et leur dit :

« Qu'à eux , comme vassaux de son église
» et nobles chevaliers , appartenoit l'hon-
» neur de porter trois des poteaux de sa
» chaîse , en son entrée dans la ville épis-
» copale. » Ils répondirent qu'ils étoient
prets d'obéir : plusieurs seigneurs se disputèrent le quatrième poteau ; la querelle pa-
rut assez grave, assez importante ; l'évêque
n'osa prononcer , il fit occuper cette place
auguste , mais provisoirement, par Henry
sieur du Châtel , et par le seigneur de
Kerafred.

St.-Pol-de-Léon étoit la ville métropoli-
taine de l'évêché de Léon ; son chapitre
étoit composé de 16 chanoines et de 4 digni-
taires ; on y voit les anciens monastères de
grands Carmes , de Minimes, d'Ursulines,
un hopital , une maison de retraite , un
séminaire de Lazaristes, un superbe collège dont on veut faire un hospice pour la
marine.

Cette ville est un chef-lieu de canton :
quatre autres communes en dépendent ;
Roscoff, Plouenan , Plougoulm et l'île de
Bas. L'arrondissement de ce canton contient 12,887 habitans.

Les habitations de St.-Pol-de-Léon sont
simples

simples, assez mal bâties, quelques maisons de gentils-hommes et de chanoines, sont construites de pierres de taille, précédées d'une petite cour et suivies d'un joli jardin. Presque toutes celles du reste des habitans, sont un mélange sans proportion, sans décoration; de bois, croisés de larges poutres, dont les intervalles sont remplis de pierres, de fatras, recouverts de deux doigts de mortier. Ce que je dis de ces maisons, peut s'appliquer à toutes celles du Finistère; je ne parlerai dorénavant que des édifices de marque.

Si vous en exceptez l'Orient, je n'ai pas vu de ville mieux pavée dans la Bretagne. La rue qui conduit à Roscoff devroit être réparée : on connoît l'importance de ce passage; il est indispensable de mettre en bon état la rue qui se rend au rivage, (on l'appelle Corre, je crois), et d'ouvrir celle qui descend de la place à la grande rue. Les rouliers y sont arrêtés, se brisent sur quelques baraques avancées, dont on dédomageroit à peu de frais les propriétaires; elles tombent en ruines.

Sur la grande place de la cathédrale, est située la municipalité : elle s'est éta-

blie dans la maison du ci-devant évêque :
on y dépose les foins, les grains de réquisition ; elle est le magazin des effets se-
questrés. Les administrateurs desirent forte-
ment de conserver un local si commode ;
ils y peuvent aisément tout voir et tout soi-
gner : on en a loué le vaste jardin.

La cathédrale est un grand bâtiment
revêtu de granit, qui n'a de remarquable
qu'une rose assez délicate, quelques vitraux
bien peints ; et le beau monument de l'évêque
Visdelou, que j'ai décrit dans la notice sur
les monumens du Finistère.

On lisoit autrefois sur une plaque de
cuivre, élevée de deux ou trois pieds dans
la cathédrale :

HIC JACET CONANUS, REX

BRITONUM.

Les chanoines l'enlevèrent ; elle gênoit la
marche de leurs processions.

L'élégant clocher de Creisker, a trois
cent soixante-dix pieds d'élévation ; j'y
montai pour connoître la forme de la ville,
et les sites qui l'environnent.

On apperçoit à l'ouest, les sables blancs

la mer et les clochers de trois communes sur la côte, Cleder, Plougoulm et Sibiril. Au sud, la vue s'étend sur une plaine, au loin bornée par les montagnes d'Arès.

Le coup d'œil de l'est est magnifique ; on y distingue les contours de toute la baye de Pempoul, Calot, le château du Taureau, la mer et la côte prolongée de Tréguier.

On voit au nord la plus grande partie de la ville, des jardins, Roscoff, l'île de Bas, la Manche, etc.

J'ai déjà dit que le collège doit servir d'hospice à la marine : c'est un immense bâtiment bien aëré, fort bien bâti, solide ; il a cent quarante-deux pieds de long sur vingt-cinq de large, et deux étages percés de de dix-huit croisées, surmontés d'un grenier superbe : ses murs ont deux pieds et demi d'épaisseur. Les Ursulines ont la même destination : mais la distance de Brest à St.-Pol-de-Léon est trop forte pour des malades; et l'air qu'on y respire, trop vif pour des convalescens.

L'hôpital civil est absolument dénué des moyens de subsistance et d'entretien ; son revenu consistoit en rentes sur le clergé et sur des émigrés.

Les prisons de St.-Pol sont infectes, mal saines : les latrines des prisonniers sont dans la chambre qu'ils habitent. Ils ne sortent de ce séjour, jaunes, pâles, défaits, que pour aller à l'hôpital. Le bâtiment n'a pas de cours : en perçant un mur, on pourroit s'en procurer une sur un terrein dépendant de l'ancien évêché ; il appartient à la nation.

Par quelle bizarerie, pendant des siècles, une cité néglige-t-elle d'acquérir, d'établir, quand elle le peut, tout ce qui doit servir à la salubrité de l'air, à l'utilité de ses habitans ? Pourquoi tant de communes en France, avec la facilité d'avoir des fontaines publiques, obligent-elles une foule d'individus à n'être occupés dans le cours d'une journée, qu'à chercher l'eau dont on a besoin dans les ménages ? Pourquoi des ruisseaux salutaires ne traversent-ils pas, ne lavent-ils pas les rues ? Pourquoi des abreuvoirs, des lavoirs publics, des halles, des marchés commodes et bien entretenus, ne sont-ils pas établis par-tout, pour la santé des habitans, pour le soulagement du pauvre, pour épargner le tems si précieux ? Resserré dans des rues étroites et mal saines, le peuple devroit avoir à sa portée des promenades, des jardins pour se ranimer, pour se raviver un moment à l'ombre des ormeaux et des chênes. Si des bains publics étoient établis dans la Bretagne, cette affreuse maladie de la peau, si tenace, si contagieuse, disparoîtroit en peu de tems. Si des architectes entretenus veilloient aux constructions nationales et particulières, s'ils distribuoient des plans commodes aux cultivateurs qui voudroient bâtir ; dans un demi siècle les campagnes se couvriroient de maisonnettes aussi saines qu'agréables, que favorables à la population, à la croissance des enfans. Des médecins habiles attribuent la difformité des hommes dans les grandes villes, à la petitesse générale des logemens : la courte taille des Bretons tient peut-être plus qu'on ne ne le pense, à la forme de leurs tanières. Que savons-nous sur l'éducation physique des hommes ; que faisons-nous pour donner à leurs membres la force, souplesse qu'ils devroient acquerir ? Sauvages comme les Irlandais dans le onzième siècle, nous méritons le reproche que Cam-

breusis leur adressoit à cette époque. « Peu-
» ple insouciant et barbare, leur disoit-il,
» vous abandonnez vos enfans à tous les ha-
» sards de la nature, et ne formez au bien
» ni leurs organes , ni leurs sens ; vous
» vivez comme des bêtes féroces. »

Il n'y a dans St.-Pol-de-Léon et dans sa banlieue, que quatre mauvais puits ; on ne pourroit s'y procurer l'eau uécessaire pour arrêter une incendie. Cette commune n'a pas une pompe : la source de Kernenguy, n'est pas éloignée d'un tiers de lieue de la grande place ; elle y seroit conduite avec facilité. L'évêque D'Audigné avoit eu le projet d'y faire élever une fontaine publique ; il ne l'a pas exécuté. La belle source de Bonne-Nouvelle pourroit, en passant par la rue Aulin, aboutir à la même place.

L'abreuvoir actuel donne des tranchées, des avives aux chevaux ; en 1779, l'escadron de Mestre-de-camp-général, fut obligé de leur donner de l'eau de puits.

On pourroit profiter des écoulemens de la fontaine publique pour augmenter les lavoirs de la ville, qu'il faudroit d'ailleurs réparer.

Au reste l'air qu'on respire à St.-Pol-de-

Léon, est vif et pur ; on n'y voit point d'eaux stagnantes, pas un marais.

On pourroit, dans les jardins de l'évêché, de la Retraite, ou dans celui des Ursulines, établir aisément un jardin botanique ; les secours de la médecine viennent ici de Morlaix. Le seul apothicaire de la commune est un homme à talent, de bonne mœurs, actif ; mais il est sans fortune, et sa boutique est dégarnie.

Les habitans du pays de Léon, sont réfléchis, laborieux, bruns de cheveux, d'une taille moyenne, mélancoliques, et très-intéressés ; ils quittent rarement le sol qui les vit naître ; ils sont sujets à peu de maladies : j'en excepte la galle et les humeurs froides.

Les femmes n'y sont pas jolies, elles sont, sur la côte, bazanées, robustes, taciturnes et superstiticuses. Les étrangères qui viennent habiter ces rivages, y perdent en peu de tems leur fraîcheur et leur coloris. Les paysans du Léonois sont doux, susceptibles de reconnoissance, sensibles aux mauvais procédés, très-méchans dans l'ivresse, mornes dans leur état habituel, intrépides, sur-tout si le vin les anime ;

leur courage s'augmente en raison du danger ; ils sont obéissans, bons soldats, ne reculent jamais : mais il faut les traiter avec douceur.

Le dialecte breton du Léonois, est plus pur, plus sonore, plus élégant que celui des autres cantons ; il est à ces contrées ce que le Saxon est à l'Allemand. Le langage de la Cornouaille , de Tréguier est entendu dans Léon ; on ne peut y comprendre celui de Vannes. Ici l'on écrit peu ; on imprime à Tréguier une multitude de chansons, d'historiettes, de récits, de miracles, etc. toujours en vers. Les peuples de Léon et de Tréguier détestent l'habitant de la Cornouaille, qui passe chez eux pour brutal et grossier, *frappant toujours sur le baptême,* (la tête, suivant leur expression.) Je connois un proverbe breton, qui fait allusion, sans doute, à quelque combat aussi célèbre que celui des Horaces à Rome.

Un Cornouaillois, vieux et cassé, vainquit trois Léonois, jeunes et robustes.

Si les Anglais sont haïs de Bretons en général, ils le sont encore plus de ceux qui vivent sur les côtes de la Manche. Cette haine ne date que d'un millier d'années :

l'histoire des tems reculés, celle des premiers siècles de notre ère, démontrent l'union, l'identité des peuples de ces deux contrées.

Quand les Saxons s'emparèrent de l'Angleterre, ravagèrent nos côtes, les liaisons avec l'île de Bretagne cessèrent chez les Armoricains : ils ne virent plus chez les nouveaux propriétaires, que les vainqueurs, que les tyrans de leurs amis. Bientôt ils oublièrent jusqu'au nom de leurs frères, et donnèrent le nom de Saxon (Saozon) à tous les habitans de l'île, dont ils redoutoient les fureurs et le brigandage.

Les observateurs ont remarqué qu'il existe une grande sympathie entre les Allemands et les Bretons.

Le Léonois craint les ruses, la fourberie, la mauvaise foi des Normands qui viennent acheter ses chevaux.

En écoutant parler dans ces campagnes, je croyois entendre les finales et les accens de l'Espagnol.

La course, la lutte, les autres exercices du pays disparoissoient avant la révolution ; ils ne se pratiquent plus dans toute la Bretagne ; ils renaîtront dans les jours du repos.

Il n'est aucune manufacture à St.-Pol-de-Léon ; on ne peut pas donner ce titre à quelques foibles corderies. Jadis les cordiers et les tailleurs, étoient traités avec un souverain mépris, comme ces gens qui font métier de dépouiller les animaux, après leur mort. Il existe encore contre eux une telle répugnance, que jamais un paysan riche et de bonne famille, ne donneroit sa fille à celui qui vivroit d'un de ces métiers. La vie molle, casanière et féminine du tailleur, devoit déterminer cette répugnance dans les tems de chevalerie, de guerre, de combats. Une idée délicate sentimentale dans les tems de subtilité, dans les tems druidiques, quand les prêtres étoient souillés s'ils touchoient, s'ils appercevoient un cadavre, leur faisoit éviter les écorcheurs infects et teints de sang ; les cordiers filent l'instrument du supplice, et déplaisoient à des peuples pieux, qui n'aiguisoient jamais le couteau de la justice, qui donnoient à leurs juges pour les rappeller à la douceur, à la modération, à l'indulgence, de fragiles baguettes de bouleau. Peut-être cet état, qui n'exige n[i] force ni vertu, fut exercé par des lépreux : de la répugnance pour l'homme malade, on passa facilement au dégoût de sa profession. La vie, l'isolement de ceux qui la pratiquent encore sous le nom de Cacoùs, rendent cette opinion très vraisemblable. Ces Cacous sont en Bretagne, ce que sont les Parias dans l'Inde : ils ne s'allient qu'entre eux ; l'entrée des églises leur étoit jadis défendue : ils passent pour sorciers, vendent des talismans qui rendent invulnérables, des sachets à l'aide desquels on est invincible à la lutte. C'est à la vie solitaire qu'ils mènent, qu'il faut attribuer toutes ces rêveries : la solitude étonne, effraie toujours l'homme ; il y transporte les fées, les ombres, le sabat des enchanteurs et des démons, toutes les folies de l'imagination, toutes les illusions de l'ignorance. L'être isolé devient pour lui l'ami de Dieu, le confident de ses secrets ; ou la créature du diable : sage et sorcier sont souvent synonymes. Ces préjugés pourtant contre les Cacous disparoissent.

Il n'est point de promenade publique à St.-Pol-de-Léon ; on pourroit en établir une, à un côté du mont St.-Michel : on l'applaniroit aisément ; des arbres la décoreroient ; on auroit sous ses yeux la Manche , des rivages riants ; on y respireroit l'air *le* plus pur , on y perdroit cette morosité que des hommes mélancoliques doivent souvent porter dans leurs maisons.

La halle , où l'on débite les viandes , est close, en bon état, à côté de la grande place; mais les boucheries sont mal entretenues.

La place où se tiennent les marchés , est commode : on a dans cette ville un marché par semaine, une foire par mois : les achats s'y font avec simplicité , sans gages, sans cédules ; on les termine avec lenteur. Que d'examen ! quel bavardage ! On s'appelle , on se quitte, on revient ; une bouteille de cidre, un sol qu'on accorde ou qu'on refuse rompent quelquefois, en font conclure une affaire considérable : tout se termine en frappant, en serrant la main de l'homme avec qui l'on contracte. C'est un engagement sacré ; il fut jadis l'emblême de la bonne foi : les Grecs et les Romains l'adoptèrent sur leurs médailles, avec la même signification.

On voit très-peu de mandians dans la

Maniere de conclure un Marché.

commune , mais beaucoup de pauvres cultivateurs dans les campagnes.

Toute la fortune du pays de Léon appartenoit jadis à l'évêque , au clergé , à la
noblesse. Les habitans de Morlaix ont ac-
quis la presque totalité des biens nationaux
de St.-Pol-de-Léon ; il faut en excepter des
maisons , des jardins, et quelques champs
voisins de la commune.

J'ai déjà dit que les campagnes de cette
partie du district , sont dépouillées, sans
forêts , sans bois et sans arbres ; on y remarque quelques chênes , des ormeaux , des
châtaigniers , des hêtres , trop peu de pommiers pour qu'on y fasse du cidre ; les fruits
des jardins réussissent , mais en petite quantité. Les prusses , les platènes y croissent
quand on les soigne avec précaution ; les
champs n'offrent à l'œil que des légumes ,
du grain , des rochers et des landes.

On y sème fort peu de chanvre , mais une
grande quantité de lin; il se file dans le pays:
à l'île de Batz sur-tout , il passe , ainsi pré-
paré , dans Tréguier et chez l'étranger.

Les légumes et le lin sont la base du
commerce. Dans les communes dépendantes
d St.-Pol , on ne travaille point la terre

avec des bœufs : les charues sont traînées par trois chevaux ; deux de front, l'autre en arbalette. Les femmes aident à relever, à couper, à battre le bled. Peu de foin dans le pays ; on y lie les mulons de pailles pour les empêcher d'être enlevés par les vents fougueux du nord et du sud-ouest. La nourriture ordinaire du laboureur est la bouillie d'avoine et de bled noir : la soupe au lard est son mets favori ; il vend son poisson qu'on ne voit jamais sur sa table. Dans les jours gras et dans les jours de nôces, on sert du far mêlé de raisin, une espèce de tourte de froment et de pommes....

Le mouton du pays, est bon, assez commun ; celui des côtes de Plougoulm, est préférable à tous les autres.

On y cultive de l'orge, du sarrazin, des panais, de gros navets, du trèfle, beaucoup d'avoine, point de millet, quelques pommes de terre.

Les terres sont grasses, excellentes, onctueuses ; graveleuses sur les côteaux. En formant des rideaux de prussiers, de platanes et de peupliers blancs ; des hêtres, des frênes et des pommiers s'éleveroient à leur abri : le chêne y croît difficilement :

les landes qu'on sème sur les fossés, se coupent tous les trois ans ; elles servent de chauffage, on en pile l'extrémité pour la nourriture des chevaux. Les Normands enlevoient ordinairement douze mille chevaux, par an, pour les revendre à Paris : j'ai vu sur la route de Morlaix à St.-Pol-de-Léon, un cheval de trois ans, portant une paysanne et des choux ; son poil étoit lisse et brillant, sa taille haute, sa jambe fine ; son œil étoit étincelant : jamais dans les écuries de Versailles, de Chantilli, dans les haras du grand duc de Toscane, je ne vis un plus fier, un plus bel animal.

. Cette race, la première de la France, peut-être, est sur le point de s'abâtardir : treize cent jumens, de la plus forte taille, existent dans la seule commune de St.-Pol, mais sans étalons de choix. En 1790, on en fit venir douze du Holstein ; ils ont été vendus à des étrangers.

Les chemins de traverses sont affreux ici, comme par tous les départemens de la ci-devant Bretagne; celui de Plouenan ne peut être fréquenté l'hyver. On devroit établir une grande route qui, passant à Plouescat, se rendroit à Lesneven, pour le service de la côte, et la facilité des transports militaires.

Les maisons, dans les campagnes, sont moins sales, mieux entretenues, mieux meublées que dans le reste du district, quoique couvertes de paille ; dans l'intérieur les animaux ne sont point séparés des hommes.

Par - tout ici la terre est couverte de quartz, de matières schisteuses; on n'y connoît point de pierres calcaires. La côte est bordée de granits; il en est dont le grain très-fin est susceptible de plus beaux polis : on les travaille avec difficulté.

La chasse n'est pas très-abondante dans l'arrondissement que nous parcourons.

PENPOUL.

Penpoul est le port de St.-Pol-de-Léon ; il n'en est éloigné que d'un demi-quart de lieue. Les bâtimens qui s'y rendent, y portent les objets nécessaires à la consommation de la commune et de ses environs. Ce village s'étend sur la côte au milieu de Blocs-de-granit ; la jetée qui facilitoit le débarquement des denrées est presque détruite

par

par la négligence des habitans et les ravages de la mer. Le chemin qui conduit à
St.-Pol est impraticable ; tout est à réparer
en France. Ce port est presque dépeuplé ;
les marins qui l'habitoient sont tous sur
nos vaisseaux.

Le riche point de vue dont on jouit sur
le rivage, s'embellit en avançant vers l'île
de Ste.-Anne. St.-Pol s'élève avec majesté
sur la côte, dominée par ses grands bâtimens et par ses clochers : vous avez sur la
droite, l'île de Calot, des terres avancées,
le moulin, le clocher de Plouganou ; au
loin, au nord-nord-est, la côte de Tréguier
terminée par des rochers noirs ; ils se
perdent à l'horison. L'île de St.-Anne, en
faça, arrête votre œil ; c'est un rocher à
l'extrêmité duquel s'étendent au couchant,
des sables qui joignent la côte de St.-Pol.

Le joli bassin de Penpoul, peut contenir
une soixantaine de barques et quelques
navires de cent trente à cent quarante tonneaux ; ils approchent à quatre-vingt-dix
brasses du rivage. Le fond de cette rade
est de galet ; le port assèche à toutes les
marées, et la mer se retire à trois quarts
e lieue de Penpoul.

G

Vous doublez l'île de Ste.-Anne, masse de Granit, sur laquelle est une batterie de trois canons de huit ; vous découvrez la mer *immense*, coupée *de rochers* : ces îlets pittoresquement disposés , nuds , brisés, arondis , battus par les tempêtes , couverts de mousses , et d'oiseaux dont le siflement, dont les cris vous suivent et vous étourdissent.

Vous avez sous les yeux Ros - Istan , Levern , la Tour-blanche , des milliers de brisans défenseurs de nos côtes , et cet enfoncement si varié d'où sortent les rivières de Pondéon et de Penzé , et le noir chateau du Taureau , séjour de larmes et de désespoir ; la rade du Paradis , où sept ou huit vaisseaux de guerre pourroient mouiller dans un danger pressant , l'embouchure enfin de la rivière de Morlaix. Tous ces objets sont réunis par le vaste tapis des mers , coloré par un ciel d'azur.

Paisibles habitans des rives de Genève, de Vevai , de Tonon , de Role et de Versoix , habitans de Paris , vous que j'ai rencontrés cherchant sur l'Appenin et sur les Alpes , de grands aspects , des jouissances ; fuyez ces pays fréquentés ; venez errer sur nos rivages qu'aucun moderne n'a décrits, qu'aucun poëte n'a chantés. Je vous promets de grands tableaux , et des sensations nouvelles.

Après avoir doublé la pointe de Bloscon , la batterie de Ste.-Barbe , vous découvrez Roscoff, l'île de Batz ; vous pénétrez dans le bassin qui les sépare. Les deux rives assèchent à toutes les marées , mais le lit du canal , conserve toujours de vingt-cinq à trente-six pieds d'eau. La différence de la marée haute à la marée basse , en ce lieu, est de vingt-cinq pieds : ce bassin pourroit contenir un convoi de cent barques ou navires , et deux ou trois frégattes.

Les pilotes demandent dans le canal , pour parer aux efforts de la lame de l'ouest dans les gros tems de l'hyver , l'établissement de trois corps morts , dont deux seroient placés en affourche à l'ouest , et le troisième à l'est.

DE L'ILE DE BATZ.

Son étendue est d'une lieue de long , sur trois quarts de lieue de largeur ; les brisans qui la défendent, sont d'un abord très-diffi-

cile à mer basse ; il faut gravir sur des rochers tranchans couverts de goémon. Le
pied glisse comme sur une surface huilée.
La butte du moulin de laquelle on domine
sur la totalité des terres, n'a pas soixante
pieds de hauteur au-dessus du niveau de
la mer.

L'extrêmité la plus au sud de l'île de
Batz, se nomme la pointe Gléguer ; c'est
la plus voisine de Roscoff. La pointe du
sud-ouest, s'appelle le Bec-de-Groua ; le
port au sud, Ance-de-l'église.

L'est est montueux ; on ne peut voir de
rochers plus bisarement groupés, plus an-
guleux et plus brisés que ceux de cette partie de l'île : celle du ouest-nord-ouest, n'offre
qu'une plaine grande et bien cultivée, mais
presqu'au niveau de la mer.

Dans l'est de la pointe de Gléguer, est
l'îlet nommé *Tisoson* (maison des Anglais).
On avoit proposé d'élever une digue qui le
joindroit à cette pointe ; la crainte d'en-
combrer le canal, fit abandonner ce projet.

Il y a trois villages dans l'île de Batz :
1°. Porsénéoc, joliment bâti ; 2°. Carn ;
3°. Goualen au nord. Quatre batteries,

deux forts, l'un à l'est, l'autre à l'ouest, sur lesquels sont établis onze canons bien servis par quatre-vingt canoniers, la deffendent.

Cinquante hommes de garnison en protègent les côtes.

Cette troupe est logée dans deux chapelles et dans deux maisons de particuliers ; on ne peut leur fournir, ni draps, ni couvertures.

On compte cent cinquante maisons dans l'île, elles donnent cent cinquante marins ou soldats à la nation, sur une population de huit cents individus.

Il n'y a de remarquable ici que la fontaine de St.-Pol ; c'est la seule de l'île : elle fût produite par ce Saint. Cette fontaine est couverte de quinze ou vingt pieds d'eau à toutes les marées : quand la mer s'est retirée, on s'en approche, elle fournit une eau limpide et légère, sans traces du mélange qui s'étoit opéré. Communément on ne se sert que d'eau de puits.

L'île de Batz ne produit pas un arbre : quelques fougères, des mousses, de l'hortie, du mouron, une espèce de giroflée de

Mahon, sont les seules végétations pro-
duites sans culture. Je vis avec surprise un
fossé couvert de tamarisques.

Les terres y sont médiocres et sablonneuses ; on est souvent forcé de rétablir
trois fois la semence dans une même saison;
la violence du vent la découvre et l'enlève.
On y cultive beaucoup d'orge, peu de
froment, peu de seigle, des choux, des
navets, des pommes de terre : les fruits n'y
réussissent pas, malgré les soins qu'on
s'est donnés pour en obtenir. Chaque ménage
est obligé d'acheter sa provision d'avoine,
quelque froment et du bled noir. La
volaille, le bétail qu'il vend, la façon qu'il
gagne sur les lins qu'on lui fournit servent
à lui procurer ces denrées. Les hommes sont
tous marins, les femmes travaillent la
terre ; il n'y a que deux charrues dans le
pays. Les terreins qu'on ne peut labourer se travaillent à la bêche. On y
compte environ deux cents vaches ou génisses : le plus riche propriétaire n'en possède que six ou sept. Il y a quelques chevaux dans la commune, et des cochons
engraissés par la chair de berniques qu'on
fait bouillir. Les berniques sont une espèce

de lepas qui couvre les rochers de la Bretagne. Leurs coquilles se vendent ; on en fait de la chaux dans la paroisse de Guiglan, et sur-tout chez les habitans des rives de Pensé , qui blanchissent beaucoup de toiles.

Les terres se fument avec du varec : on en recueille en abondance.

La mer est poissonneuse ; mais les pêcheurs sont au service.

La nourriture habituelle des habitans est un pain composé d'orge et de seigle, du lait, du beurre et de la soupe au lard. Ils n'ont ni granges , ni lavoirs ; ils se servent pour blanchir leur linge d'eau de mer ou d'eau de pluie recueillie dans des marres ; leurs maisons sont couvertes de chaume.

Je questionnai les notables du pays. Assis au sommet d'un rocher , sur la butte du moulin , entouré d'hommes dont j'admirois les complaisances et le zèle , quelle clarté , quelle simplicité dans leurs idées ! Elles ne s'étendent pas en surface ; un cercle étroit les borne : mais comme ils mesurent, comme ils calculent, comme ils ont pesé ce qv'ils disent ! Quelle précision, quelle concision dans leur langage ! rien de fade, point de complimens, point de courbettes dans cette île ; mais une honnête liberté, des mouvemens prononcés sans rudesse, des offres obligeantes sans politesse, des services réels sans empressement, le serrement de main de la bonne foi, le rire de la simplicité.

Ils me montrèrent à l'est les sept îles à la distance de huit lieues ; au sud-est le château du Taureau, les côtes de Plouganou, de St.-Jean-du-Doigt ; en remontant à l'est, la côte de Tréguier ; au sud Roscoff, Pol-de-Léon, la côte de Santec ; plus loin, les montagnes d'Arrès ; au sud-ouest, cette immense chaîne de rochers qui défend nos côtes, quelques clochers épars dans la campagne. Ils m'indiquèrent la place des petits ports qui bordent le rivage jusqu'à l'extrêmité du district de Lesneven. Au nord est le canal de ving-huit lieues, qui sépare la Bretagne de l'Angleterre. Nous sommes en face de Plimouth.

Je m'occupai plus des notions certaines que je pouvois acquérir dans ce conseil des pécheurs et de sages , que du théatre sublime que j'avois sous les yeux. Quel spectacle immense cependant ! Quelle variété !

Ces flots qui se déploient en écume sur ces brisans prolongés dans la mer ; ces monts lointains , ces caps, ces promontoires ; le bruit sourd et majestueux des vagues , l'air traversé par le vol des goëlans, le tonnerre qui retentit dans la profonde grotte du Serpent , le silence de la nature dans l'intervale du flux et du reflux, l'étrange cri de tant d'oiseaux de mer ; je ne sais quel sentiment , quelle exaltation dépendante de la majesté de ce spectacle , des souvenirs qu'il a fait naître , de l'étendue sans bornes qu'il présente.....

Tous ces objets vous pressent en masse ; il en résulte une émotion matérielle indéfinissable , que je n'éprouvai que sur les rives de la mer , ou près des sommets du Mont-Blanc , au col de Balme ou sur l'Albis , dans les montagnes de la Suisse.

Douze pilotes sont en réquisition dans l'île : ces pilotes sont les meillenrs de la Manche, de l'aveu des navigateurs.

Tous les habitans du pays forment une seule famille ; ils aiment leur patrie, malgré son âpreté, malgré les vents et les tempêtes habituelles qui la désolent : ils y sont seuls, ils y sont maîtres, ils y vivent en liberté. Ce peuple étoit républicain avant la révolution : on ne trouve chez lui ni gens de lois, ni prêtres, ni médecins ; jamais l'égalité ne fut ailleurs aussi complète : les propriétés bien connues n'y causent point de procès ; chaque famille possède une ou deux vaches, cultive en paix son champ, soigne ces animaux, arrache aux flots le goëmon snr la côte, l'étend, le sèche, l'amulonne, l'emploie.

Les rives de la mer appartiennent à tous les insulaires ; on en redoute le partage ; on est bien convaincu, si l'opération proposée par le gouvernement s'exécutoit, que les rivages divisés, subdivisés, sur lesquels on auroit des droits particuliers, seroient une source de haine, de débats et de violence. A présent tout marche, tout s'arrange. Si des contestations s'élèvent, elles se terminent par quelques coups de poingts, et ne sont jamais soumises au jugement des tribunaux. La municipalité de l'île et celle de Roscoff appuient la pétition de ces bonnes gens, qui ne veulent point le partage des communaux.

Ne cherchez ici ni la beauté, ni les graces ; enfans des climats plus heureux. Le plus beau teint s'y noirciroit, la peau la plus lisse y seroit ridée, sillonnée par la sécheresse de l'air, par la violence du vent, par les travaux de la journée , par les travaux plus rudes de la nuit : imaginez après la fatigue des champs , du labourage , quel est l'état d'une femme obligée , dans les nuits d'hiver , au milieu des tempêtes et des fureurs de l'océan , dans une obscurité profonde , sur un rocher glissant , tantôt dans l'eau jusqu'à la moitié du corps, tantôt sus-pendue sur l'abîme , de saisir avec un rateau le goëmon que la mer apporte..... Ses nuits paisibles sont celles , où fatiguée des ouvrages du jour , elle file dans les veillées jusqu'à deux heures après minuit, pour se procurer à grands frais

le plus mesquin , le plus strict nécessaire.
Les contes amusans des veillées bourgui-
gnones , de la Champagne ou de la Tou-
raine , l'amour qui délasse de tout , la
musique , le chant , aucun de ces plaisirs
versés sur la nature pour soulager les
malheureux humains du fardeau de leur
existence , n'a lieu sur ces rochers sauvages. Les rêves de l'imagination , la
poésie qui , dans les contrées les plus
sauvages des poles , console les humains
de l'absence du soleil , n'existent point
dans cette île sans fleur , sans rossignol
et sans verdure.

Qui le croiroit ? les êtres qui semblent y
végéter , ne peuvent se résoudre à l'abandonner. La présence du bien ne les y
fixe pas ; ils y tiennent par l'absence de
tout ennui , de tout chagrin , de toute
ambition , de ces peines morales , de ces
maux physiques qui nous tourmentent
dans le monde.

La présence des étrangers les inquiète ;
ils voient d'un mauvais œil ceux qui
viennent s'établir dans leur patrie. Quelques
habitans de la terre-ferme, y possèdent des
propriétés ; mais très - peu d'étrangers

s'y fixent , heureusement pour 'ces bons insulaires.

J'ai voulu connoître les fêtes , les jeux et les cérémonies du pays : mes résultats ont été nuls. Le mariage est un arrangement sans festin , sans plaisir et même sans amour; il semble que tout autre sentiment que celui de l'existence , meure ici comme la végétation à l'approche du Nord ou des sommets glacés de la Savoie.

La religion , cette mère des fables , des rêveries et du mensonge , ne laisse aucun fantôme dans leur imagination ; et les contes de revenans , de sorciers , de démons qu'on retrouve par-tout, n'existent point dans l'île de Batz ; on n'y pense plus même aux cérémonies superstitieuses qu'on y pratiquoit, il y a trois ans ; trop occupés par les travaux du corps , ils n'ont le tems ni de se souvenir , ni de calculer , ni de rêver.

J'interrogeai les femmes du pays ; une entre autres qui parloit volontiers , qui s'exprimoit aisément en français. J'employai tous les moyens , tous mes efforts ; je lui débitai cent fadaises pour qu'elle en débitât par analogie, quelques-unes : elle me ramena toujours à des idées simples et naturelles : je n'en pus obtenir que le récit d'une espèce d'espiéglerie faite autrefois à des jeunes gens du pays. Des filles traînèrent un cheval mort à la porte de ces jeunes gens : on rit beaucoup de leur surprise. Je ne saisis ni l'esprit ni le sel de ce conte ; mais il avoit marqué dans le pays ; car toutes les femmes assemblées rioient à ce récit, s'empressoient avec une espèce de vivacité, d'amour-propre, de vanité, d'assurer qu'elles étoient actrices dans cette aimable comédie.

Passons à la description de la rade du port de l'île de Batz.

Le canal de l'île est une excellente relâche pour tous les convois de la Manche : ils n'y craignent que le vent d'ouest ; et s'il devient trop fort, ils peuvent se sauver dans la baie de Morlaix, susceptible de recevoir de très-grands vaisseaux, mais dont la passe est fort étroite. Sans ce désavantage, la compagnie des Indes eût probablement établi dans ce lieu les magasins qu'elle a faits à l'Orient, et le chef-lieu de son commerce ; elle en avoit eu le projet. — Les vents d'est et d'ouest sont

les plus favorables pour entrer dans ce
canal, où pour en sortir, ceux qui règnent
le plus habituellement dans ces parages,
courent du sud-ouest jusqu'au nord-ouest ;
on les redoute.

On pourroit aisément faire un port plus
commode et plus sûr dans un beau bassin
de forme ronde , au sud de l'île. On
appelle ce bassin le port Kernoc. Une
jettée de cent brasses , bien maçonnée ,
bien faite , de grands quartiers de pierres
qu'on trouve sur la rive, produiroit de
13 à 14 pieds d'eau dans la haute marée :
il pourroit recevoir des bâtimens de 150 à
200 tonneaux. Des capitaines qui fréquentent ce port et ceux du voisinage ,
ont ouvert une souscription pour ce travail ; on en a déjà sollicité l'exécution
près le gouvernement.

La municipalité , les notables , tous les
habitans de l'île de Batz demandent la
construction d'un moulin à eau. On ne
peut pas compter sur le seul qui soit en
état de servir : souvent les habitans sont
dans un mortel embarras ; quoique le passage qui sépare leur pays de la grande
terre ne soit que de trois quarts de lieue .

Ils sont souvent huit jours sans pouvoir le traverser ; les jetées faites pour le moulin serviroient de cale d'abordage , il n'en existe pas ; on ne peut s'en passer.

On ne sauroit trop se hâter au reste de nettoyer le port de Kernoc , qui s'encombre à chaque marée.

Des marins , des négocians de Roscoff , le citoyen Guyloudoux , syndic des gens de mer, résidans à Penpoul , croient qu'un phare seroit bien mieux placé sur l'île de Batz que sur la tour de Duon. On est, pour ainsi dire, au milieu des dangers quand on aperçoit cette tour ; les feux qu'on établiroit sur l'île de Batz se verroient de plus loin , de la pleine mer sur-tout, en arrivant d'Ouessant.

Des casernes seroient encore essentielles dans un pays où l'habitant ne possède rien au-delà du nécessaire le plus borné , et dans lequel il faut toujours des troupes.

On faisoit avant la révolution , dans les mois de mai , juin et juillet, une pêche de maquereau à cinq ou six lieues au nord de l'île de Batz. Roscoff y employoit six ou

sept

sept bâtimens de dix à douze tonneaux : leur produit se consommoit dans le pays.

Il est d'usage dan l'île que le fermier quittant une métairie, prélève la moitié du produit de la récolte qui suit sa sortie, pour le dédommager de ses soins et de ses engrais. Jamais on n'y donne de deniers d'entrée pour le renouvellement des baux; on voit avec peine les étrangers qui s'introduisent dans le pays, changer cette sage coutume, et par-là faire monter le prix des fermages.

Sous l'ancien régime, on favorisa ces insulaires de quelques privilèges. Moyennant un léger abonnement avec la province, leurs vins, leurs boissons ne payoient aucun droit d'entrée.

Les deux grandes affaires du pays furent autrefois les prétentions de l'évêque et du séminaire de St.-Pol-de-Léon, qui vouloient, à titre de seigneurs et de censitaires, clore les terres vagues sur lesquelles s'étalent et se sèchent les goëmonds dont ils se disoient propriétaires. Et, dans le moment actuel, l'inquiétude que ces terres, ces rivages, ces biens com-

H

munaux ne soient partagés au terme de la loi : le gouvernement cédera sans doute aux demandes de ces bonnes gens, si dévoués au service de leur patrie, si bons pilotes, si nécessaires, si pauvres ; qui n'ont de bonheur sur la terre que par le pénible travail qui féconde un rocher aride.

Les habitans de l'île de Batz sont sujets, dans un âge avancé, à des maux d'yeux qu'on ne peut attribuer qu'à la violence des vents qui règnent sans cesse dans leur pays, sans arbres, sans abris.

Les femmes, vêtues d'un jupon et d'un casaquin, portent, sur une première coëffe de toile, une coëffe de laine ou d'étoffe assez forte ; les hommes, des gilets de toile ou de gros drap et de longues culottes à la matelotte.

Les séminaristes de St.-Pol nommoient le curé de l'île et son vicaire : ils étoient pauvres, et percevoient pourtant la dîme à la douzième gerbe. La solitude, l'âpreté du climat n'arrêtoit pas leur zèle : ils avoient adopté les mœurs des habitans, si vous en exceptez et le travail et la franchise.

On compte environ quatre-vingt chevaux dans l'île. On y trouve quelques
lapins : les rochers qui l'entourent sont
surchargés d'oiseaux marins. Sans doute ,
dans les tems reculés , l'île touchoit à la
grande terre. L'aspect m'en avoit convaincu.
Malgré la prodigieuse antiquité de leur
séparation , la tradition en conservoit encore quelque idée « du tems de St.-Pol ,
» c'est-à-dire, il y a des siècles , me dit un
» vieillard , on passoit de l'île à la terre sur
» une tête de cheval ». On a beaucoup de
peine à se familiariser avec les plus foibles
opérations de la nature ; elles paroissent
immenses à notre petitesse.

L'île de Batz fut ravagée en 1388 par
les anglais ; on assure qu'en 1648 cette
peuplade n'avoit qu'une idée confuse de
la religion catholique, et que Michel Noblet
en devint l'apôtre à cette époque.

J'ai vécu dans de grandes cités , au sein
des émotions douces : l'île de Batz alors
m'eût paru le séjour du désespoir. J'y pas-
serois à présent mes jours , heureux par
l'absence des hommes , loin de leur atroce
fureur.

H 2

DE ROSCOFF.

IL est à présumer qu'un port aussi avantageusement placé que celui de Roscoff, a de tout tems été fréquenté ; qu'on a dû de tout tems habiter la terre la plus riche, la plus féconde de ces contrées, le point enfin d'où les échanges, le commerce avec l'Angleterre se font avec le plus de facilité : ce point étoit sans doute un rendez-vous commun, quand des liaisons de fraternité, d'amitié unissoient les deux Bretagnes. Roscoff étoit situé jadis dans la baie de Labert, à l'ouest de sa position actuelle.

En 1374, cette ville fut brûlée, saccagée, entièrement détruite ; elle ne se rétablit qu'en 1404. A cette époque, le célèbre Penhoat, amiral de Bretagne, y rassembla, y ravitailla l'armée navale avec laquelle il battit celle des anglais, à la hauteur de St.-Mathieu.

Le duc François, père de la duchesse Anne, accorda des privilèges à quelques particuliers de cette commune, en 1480.

En 1500, les habitans ne trouvant plus assez de profondeur dans l'ance de l'ouest , presque comblée par les sables , se transportèrent sur la rive orientale de la péninsule , et firent la digue qui forme le port actuel.

Je passe sous silence de petits faits , des détails sur l'arrière-ban , sur la construction de l'église , sur les obstacles qu'elle éprouva , etc. Ils ne peuvent intéresser que les naturels du pays.

L'établissement de l'hôpital fondé , bâti par les seuls habitans de Roscoff , date de l'année 1573.

En 1600 , des lettres patentes d'Henri IV accordent six foires à cette ville. En 1612 , on y bâtit un Lazareth.

En 1715 , on prolongea le quai ; il ne fut terminé qu'en 1743.

Le port de Roscoff étoit devenu l'entre-pôt d'un commerce très-considérable avec l'anglais. Des vaisseaux interlopes venoient avant la révolution y prendre des vins , des eaux-de-vie , du thé , qui s'introdui-soient en fraude en Angleterre. Leur sta-tion donnoit du prix aux ptoductions des campagnes environnantes. Ces avantages peuvent renaître avec la paix , sur-tout avec la liberté. On a senti, sous l'ancien régime même, que le moindre impôt, la moindre contrainte dirigeroient les fraudeurs sur Gersey, sur Guernesey, où l'on trouve à peu-près les mêmes facilités pour ce commerce de contrebande. Depuis la guerre de 1763, une cinquantaine de lougres, de slops et de bateaux, de quatre tonneaux et trois hommes d'équipage, jusqu'à soixante tonneaux et trente hommes, se rendoient de la côte d'Angleterre à Roscoff. Ces voyages se faisoient tous les mois ou tous les quinze jours ; le même bâtiment en a fait quelquefois deux par semaines. C'étoit un objet de plus de quatre millions : les maisons Foucault, Machuloch, Diot, Mege, Bix et Pieret en étoient les principaux agens. Les eaux-de-vie de vin, de genièvre, qu'on faisoit passer en Angleterre, ne se renfermoient pas dans des pièces faciles à confisquer ; on les mettoit dans de petits barils de trente à quarante pots, qui se fabriquoient à Roscoff : ces barils se lioient par un cordage, et mouillés sur un cable, se jetoient à la mer à l'approche des côtes. On les déroboit par ce moyen aux yeux des commis aux douanes anglaises ; on venoit les chercher la nuit, quand les visites étoient terminées.

Le commerce de la graine de lin, dont Roscoff tiroit un si grand avantage, qui fournissoit à la Bretagne le moyen de produire ses toiles si répandues, étoit fait par commission dans cette ville, où dix bâtimens de deux à trois cents tonneaux transportoient cette marchandise de Riga, de Lubek, de Dantzik, de la Poméranie suédoise, et les vendoient à des prix qu'ils établissoient à volonté. Le préjugé qui persuade aux habitans des campagnes que les graines du Nord sont préférables à celles du pays, existoit ; il dure encore ; il n'étoit pas de l'intérêt des habitans de Roscoff de le détruire. Ce commerce étoit un objet de 500,000 livres dans les plus fortes années. Observez que ces bâtimens du Nord passoient à St.-Martin-de-Rhé, à Marenne, à Bordeaux, à Bayonne, et prenoient en retour du sel, des vins, des eaux-de-vie ; ce qui procuroit encore un débouché considérable aux denrées de ces contrées.

Une centaine de barques et de navires, tant français qu'étrangers, apportoient à

Roscoff les vins , les eaux-de-vie , le sel ,
le charbon de terre , du merrein sur-tout,
pour former les barils qui servoient à la
fraude des anglais ; des planches du Nord ,
mais pour la seule consommation du pays ;
de la braye , du goudron , du fer, du
cidre , etc. Ajoutez-y quarante à cinquante
bateaux dieppois de cent à cinq cents tonneaux qui , gênés par la gabelle , achetoient
pour la pêche du maquereau , le sel dont
les négocians de Roscoff se fournissoient
au Croisic.

Depuis 1783 jusqu'en 1787, un négociant
fit à St.-Pol-de-Léon le commerce de graine
de lin , mais pour son compte particulier :
(j'ai déjà dit que les commerçans de Roscoff n'étoient que les commissionnaires de
ceux de Dantzik , de Lubeck , etc. , qui
leur donnoient trois francs par baril débité).
Tous les ans , deux navires lui arrivoient
d'Hollande dans la baie de Penpoul , chargés de cette denrée , de mâture , de planches , de goudrons , de chanvre. Cette
concurrence effraya le commerce du Nord;
il baissa le prix de ces marchandises , et
le pauvre homme fut ruiné.

Anciennement Roscoff faisoit passer une

grande quantité de toiles en Espagne : on les nommoit *Roscone*. Morlaix s'est emparé de cette branche de commerce.

En attendant le retour de la paix, les habitans de Roscoff cultivent la terre la plus riche, la plus féconde ; elle produit une incroyable quantité de légumes de toute espèce, qui naissent en plein champ ; oignons, choux, navets, panais, choux-fleurs, asperges, artichaux. Il en part dix ou douze charretées pour Brest tous les jours ; des charges de chevaux se rendent en outre à Morlaix, à Landivisiau, à Lesneven, à Landerneau. J'ai vu souvent dans les marchés de l'Orient et de Quimperlé, une concurrence établie entre les jardiniers du pays et les légumiers de Roscoff, qui malgré le long voyage qu'ils avoient fait et les frais du retour, donnoient au même prix, et même à meilleur marché, leurs denrées.

C'est avec le goëmond que les champs sont fumés dans les environs de Roscoff ; les terres en sont légères, sablonneuses. La disette de bois est telle dans cette commune, que j'ai vu dans le rude hiver que nous venons de passer, un amateur du jardinage brûler de jeunes plans d'arbres fruitiers de la plus belle espérance.

On faisoit autrefois venir des bois des rivières de Penzé et de Ponteon, de Lannion et de Tréguier ; mais cette ressource est perdue , faute de barques et de marins.

On ne brûle, dans les campagnes comme à l'île de Batz, que du goëmond et de la fiente de vache : on s'y nourrit de bouillie , de far de bled noir , et de pommes de terre.

Il n'existe sur la côte septentrionale du Finistère aucun port aussi avantageusement situé que celui de Roscoff ; mais il s'encombre : la mer y dépose une telle quantité de sables , qu'il seroit impraticable en peude tems, si par des travaux *nécessaires,* on ne prévenoit sa ruine. Le bassin qui forme le port est fermé par un mole de 160 toises de longueur , et de 20 pieds de large.

On projette d'exécuter une seconde jetée qui , s'approchant de la première , ne laisseroit qu'une passe de 35 toises pour les vaisseaux , s'opposeroit aux progrès des sables , augmenteroit de beaucoup la surface et la sûreté du bassin , et présenteroit de grands avantages.

Ce travail est approuvé : on a déjà fait parvenir des fonds pour le commencer ; une difficulté le retarde : la commune donne au projet de perfectionnement imaginé , toute l'étendue possible , et place la jetée plus loin que l'ingénieur Leroux : elle prétend gagner dix pieds d'eau , et donner à des frégates le moyen de relâcher dans son port , et même de s'y réparer.

Les objections de l'ingénieur , homme rempli d'intelligence et de talens , portent sur l'inutilité d'aussi grands travaux dans un port de cabotage , sur les difficultés d'exécution , sur l'énormité des dépenses.

Elles monteroient , dans le projet de la commune , à la somme de 377,500 livres ; dans celui de l'ingénieur , elles ne s'élèvent qu'à celle de 140,000 livres.

C'est au gouvernement à faire prononcer, à faire juger si les difficultés , les dépenses ne sont pas compensées par l'avantage qu'on retireroit du premier plan. Si les idées économiques du citoyen Leroux doivent être écoutées : j'avoue que sur les lieux, j'étois pour l'opinion de la commune : il me sembloit qu'ayant un grand travail à faire, il ne falloit pas s'exposer au repentir de ne lui avoir pas donné l'étendue dont il est susceptible ; et qu'en supposant à Roscoff le commerce qu'il doit retrouver à la paix, borner les dimentions de son port, c'étoit diminuer ses ressources.

Dans l'état actuel, ce bassin peut contenir une cinquantaine de barques ou navires, tirant de 7 à 20 pieds d'eau. Dans un cas de nécessité, on pourroit en placer un ou deux au bout de la jetée, de 5 à 600 tonneaux. On y peut entrer, on en peut sortir de tous vents.

Au bas de la jetée de Roscoff, il y a 22 pieds d'eau au coup de la pleine mer dans les grandes marées ; mais dans les mortes-eaux, une barque qui tire sept pieds d'eau n'est pas à flot. Le port assèche à toutes marées.

La ville est bâtie sur le sable, les maisons petites : on y voit beaucoup de magasins. L'absence des hommes que la guerre appelle à nos armées, lui donne un air triste, désert ; un air de nudité que des établissemens ruinés, couverts de lierre, que l'aridité du sable, que la privation de

toute espèce de verdure augmentent encore.
Il est indispensable de paver cette ville.
Les charrois pour le commerce sont, dans
l'état actuel, d'une difficulté presque
invincible.

La population de Roscoff est de mille
individus ; son arrondissement, d'environ
trois quarts de lieue de longueur sur une
lieue de large. Quatre villages sont atta-
chés à ce chef-lieu ; ils contiennent 1844
hommes.

La route qui conduit à St.-Pol-de-Léon
est bonne ; les autres chemins sont impraticables : à mer basse, on se rend facilement
aux postes de la côte. Je remarquerai,
d'après l'observation de la commune de
Roscoff, qu'il seroit à souhaiter qu'on
changeât les pièces de trop foible calibre,
placées sur les batteries : on voit à celle de
la Croix, des canons de 4 et de 12 ; ils devroient être tous de 18, de 24 ou de 36 liv.
de balles.

Croiroit-on que dans un port de mer où
tant de vaisseaux abordoient, on ne trouve
pas une fontaine publique ? Cependant
l'eau des Capucins pourroit être facilement
conduite sur le port ; elle n'en est éloignée que

de 4 à 5oo toises. Avec 24oo livres , on exécuteroit ce travail nécessaire , on profiteroit des écoulemens de cette fontaine , pour établir un abreuvoir qui manque à la ville. Le lavoir est à réparer.

Tous les habitans sollicitent un marché que l'approvisionnement d'une ville isolée, que l'arrivée d'une multitude de bâtimens étrangers , que la subsistance de la garnison rendent indispensable ; ils desirent qu'on établisse une halle dans la place où se trouve la chapelle de l'Union.

Les secours de la médecine et de la botanique sont nuls dans la ville et dans ses environs : un terrein aussi fécond en légumes que celui qui cerne Roscoff seroit très-favorable à la croissance, à l'entretien des plantes exotiques , et de celles de nos contrées, qui peuvent être utiles à la santé de l'homme.

Personne ne s'est présenté pour occuper à Roscoff la place d'instituteur : les écoles primaires n'y sont pas établies ; on n'y trouve point de maître d'hydrographie.

La seule pierre des environs est une espèce de granit à gros grains, qui borde le

rivage ; les ardoises y viennent de Loque-
rec et de Chateaulin.

On demande que deux corvettes soient
mises en station dans le canal de l'île de
Batz ; on y trouveroit le double avantage
de faire une multitude de prises , et de surveiller des côtes voisines de Gersey , de
Guernesey , de l'Angleterre.

Tous les marins de ces parages desirent
un feu sur l'île de Batz. La municipalité de
Roscoff m'écrit : « Nous vous avons ex-
» primé notre idée particulière sur la
» construction de ce phare que nous
» croyons plus utile d'éclairer avec du
» charbon qu'avec de l'huile. Il est dé-
» montré par l'expérience , que précisé-
» ment quand le tems est gros , chargé de
» grains et de brouillards, le charbon flam-
» boye davantage , tandis qu'alors les feux
» à réverbère se ternissent. »

La commune desire qu'on lui donne deux
barques de 50 à 60 tonneaux , pour qu'elle
pût se procurer du bois et les denrées de
première nécessité , qu'elle n'a point à sa
portée.

On vit fort tranquille dans cette commune : 400 hommes de garnison s'y com-

portent bien. Autrefois elle eut à se plaindre des dispositions de St.-Pol : ces deux communes vivent à présent dans la meilleure intelligence. A la paix même, il seroit indispensable d'avoir quelques troupes à Roscoff. Les étrangers, les anglais sur-tout, commettoient des désordres, sans qu'on eût les moyens de les réprimer.

Il ne faut chercher dans cette espèce de colonie aucun usage ancien : ils ne se conservent que dans les lieux infréquentés. La seule singularité que Roscoff m'ait offerte, est un usage qui se pratiquoit encore avant les secousses des dernières années: Des femmes, après la messe, balayoient la poussière de la chapelle nommée *de la Ste.-Union*, la souffloient du côté par lequel leurs époux, leurs amans devoient revenir, et se flattoient, par ce doux sortilège, d'obtenir un vent favorable à leur amour, à leur impatience. Ce fait me rappèle une pratique originale d'un autre canton de la Bretagne ; c'est à la côte du Croizic. Un rocher s'élève sur la mer : il tient au sol par une arrête en pente douce ; les filles, les femmes du pays, parécs avec recherche, les cheveux épars, ornées d'un

beau

beau bouquet de fleurs nouvelles, couroient, s'élançoient sur la roche ; et là , les yeux au ciel , les bras élevés , chantoient ces mots :

» Goëlans , goëlans ,
» Ramenez-nous nos maris et nos amans. »

Cet usage sentimental , cet appel aux oiseaux , n'a rien de la religion catholique ou des tems modernes : il nous transporte aux âges reculés où nos pères prêtoient une ame , de l'intelligence , une espèce d'intendance aux animaux , aux volatils surtout , qu'ils croioient les ministres légers de la volonté des dieux , et l'enveloppe ailée de nos ayeux , punis par la métempsycose , des fautes qu'ils avoient commises.

L'approche de Roscoff , quand la mer est basse, est difficile : Vous n'y parvenez qu'après avoir passé sur des rochers glissans , couverts de goëmon ; en danger de vous casser les jambes , de vous fracasser la tête. Vous trouvez des mares d'eau vaseuse , où l'on entre jusqu'au genou. N'étant prévenu par personne de ces inconvéniens , j'en fus victime. Je me permets cette note , pour préserver les voyageurs de la peine qu'ils pourroient éprouver.

Je reviens à Penpoul : j'ai quelques observations à faire sur ce petit port. J'ai parlé de l'île de Ste.-Anne , qui le ferme au nord , qui , par une langue de sable , l'unit au continent. Il est indispensable au plutôt , de faire une digue sur cette jetée naturelle , si l'on veut conserver Penpoul.

Le syndic des marins a vu des herbages sur la côte , qui dominoient toujours de trois à quatre pieds le niveau de la mer , il y a cinquante ans : A présent , elle est presque couverte , dans les grandes marées. Un fort coup de vent de nord, nord-nord-est, pourroit ensévelir la commune sous les sables et remplir la rade. L'exemple dont je parlerai bientôt , les ravages de Santek , sont une leçon dont l'homme devroit profiter : mais il ne profite de rien ; l'expérience des tems est nulle pour lui ; on diroit que la nature lui refusa la prévoyance.

La digue qu'on demande ne seroit pas d'une difficile exécution : il n'y a qu'une portée de fusil de Sainte-Anne à la pointe du continent, et les matériaux sont à la portée des ouvriers.

Le vent d'ouest est très-favorable pour sortir de la baie de Penpoul, et gagner celle de Morlaix ; et les vents de sud, quand on veut se rendre dans le canal de l'île de Batz. Au reste, on entre, on sort à tous vents de ce port, pour peu qu'ils ne soient pas forcés.

Neuf ou dix barques apportoient annuellement à Penpoul environ trois-cents tonneaux de vin, et cent tonneaux de sel pour l'approvisionnement du pays.

La pêche est ici très-abondante : le poisson en est excellent ; on le prend autour de ces milliers de rochers noirs, qui rendent si variés tous les aspects de ces rivages. On y trouve des mulets, des bars, des soles, des roujets, des anguilles, quelques turbots, des plies, des écrevisses, des chevrettes et des homarts, des huîtres (préférables à celles de Cancale), des lieues, des vielles, des sardines. A l'île de Siek, on néglige la pêche, faute de bras, etc., etc.

Les oiseaux qu'on voit sur la côte, sur les rochers sur-tout, sont les goëlans, les hérons , les bernaches , les judèles , des bécasses , des bécassines , le chevalier , le cormoran ; une quantité de canards sauvages , des cignes dans les forts hivers. L'oiseau qu'on appelle tarak est blanc , plus petit qu'un goëlan ; son bec et ses pieds sont rouges ; il porte une tache noire sur la tête , ne vit que de poisson , fait ses petits dans le creux des rochers : il paroît en avril , il s'éloigne en septembre.

Son arrivée prédit le beau tems aux marins ; il aime la chaleur : on le trouve en Espagne , sur le cap Finistère : un peu moins grand que le pigeon , il a plus d'envergure. Son cri *quit*, *quit*, *quit*, veut dire en bas breton : *Nous nous en allons.* Ce n'est pas assez de prêter la langue celtique à tous les peuples de la terre, il faut que les bêtes la parlent.

Les oiseaux les plus communs dans les campagnes voisines, sont le merle, l'alouette, la grive, le hochequeue, le corbeau, le moineau , le roitelet et la mesange : on y voit quelques perdrix.

La chasse n'est pas très-abondante dans ce pays ; on y trouve pourtant des lièvres, du lapin : l'île de Batz même contient quelques garennes.

Cette partie de la Bretagne n'est pas ravagée par les loups comme les autres ; on en rencontre mais rarement dans les communes de Plouenan et de Plougoulm.

Le canton de Pol-Léon possède une carrière de cette belle pierre de Kersanton, si fine ; susceptible d'un si beau poli, si propre à la sculpture. Je l'ai vantée dans la partie de mon ouvrage qui traite des sciences et des arts. Cette carrière est près de Kerfissiec , à un quart de lieue de Saint-Pol.

Deslandes et l'auteur des monumens singuliers , parlent d'une statue trouvée près du fort de Bloscou , vis-à-vis la pointe du quai de Roscoff, à trente pieds sous terre. C'est un enfant d'une figure assez douce , dont les cheveux ondulés tombent jusqu'au bas du visage , séparés sur la tête , à la gauloise, à la manière des Etrusques : il se termine en gaine tronquée ; il est vêtu d'une tunique à frange qui descend jusqu'à la moitié du corps. Il porte une espèce de mantelet fort court , tel qu'on en voit encore dans ces contrées. Sur sa main gauche est un oiseau. Jadis on l'honora sous le nom de St. Pyriec, ancien évêque et comte de Léon.

On en voit la gravure dans les monumens singuliers imprimés à Paris en 1739. L'auteur termine ses remarques par cette observation : « Au reste, c'est des bre- » tonnes que les dames françaises ont em- » prunté le mantelet qu'elles portent depuis » plusieurs années ; et c'est à leur exemple » qu'elles l'accompagnent de tous les agré- » mens dont il est susceptible. »

Presque tous les monumens gaulois sont accompagnés d'un chien, d'un oiseau. On a cru les oiseaux l'emblême de l'ame ; on les consultoit comme guides de l'homme, comme interprêtes des volontés du ciel.

Les paysans ont plus de propreté dans les environs de cette commune que dans le reste du district; mais ils conservent l'usage de vivre avec leurs animaux sous le même toît, sans séparation, pour ainsi dire. Ils ont une coutume qui les conduit à la cécité, celle de fermer leur cheminée dans la partie la plus élevée, pour se préserver de la pluie; la fumée se répand dans l'intérieur , les étouffe et les aveugle. Tous conservent près de leurs maisons ces cloaques infects nommés vaux, qui pourrissent leur fumier. Presque tous leurs toîts sont de chaume.

Point de manufacture dans St.-Pol-de-Léon, ni dans les communes de son arrondissement.

Les cuirs se tirent de Lampol, près de Landivisiau : deux tanneurs les préparent à St.-Pol. Dans cette dernière commune, il existe des marchands en détail, point de négocians en grand. Il seroit très-aisé d'y conduire les eaux de la mer par un canal qui traverseroit des prairies très-basses, sur l'étendue d'une portée et demie de fusil. On ne conçoit pas qu'un avantage si peu coûteux n'ait pas été procuré à cette commune, ou par l'état, ou par ses riches évêques ; par M. de la Marche entr'autres, dernier prélat de Pol-Léon, homme d'esprit, quoique soumis aux préjugés du sacerdoce et de la féodalité.

La municipalité de Léon desireroit une poste aux chevaux dans sa commune, et que la poste aux lettres y parvînt tous les jours ; ce qui seroit facile à l'aide d'un *pédon* qui viendroit de Morlaix, où l'on jouit de cet avantage.

Il seroit aussi nécessaire parmi les bâtimens nationaux, nombreux dans cette ville, d'en choisir un pour faire une caserne : le ci - devant séminaire conviendroit à cette destination.

Il y a, dans cette partie du district, quelques étangs peu considérables, une petite rivière à Plougoulm, et beaucoup de gros ruisseaux.

Les voyageurs, en traversant les environs de Pol-Léon, doivent voir avec peine l'immensité de terre aride et dépouillée qui les environne : ils ne croient ces terreins susceptibles d'aucune culture, d'aucun rapport ; plaignent ses habitans de vivre au milieu d'un désert sans verdure et sans abri. Cet aspect est trompeur; ne jugez pas du grand chemin, l'intérieur des terres de ce pays : la nudité qui frappe le voyageur, n'est pas l'effet d'un mauvais sol : donnez des bras à ces contrées qui s'en privent pour la marine; augmentez l'industrie, et bientôt ces déserts seront couverts d'arbres, de fleurs, de moisson, de prairies.

J'en appelle à l'exemple que je vais vous citer. Il existe sur le rivage , à moins d'un quart de lieue de St.-Pol-de-Léon , sur des sables , une des terres les mieux boisées , les plus riches , les plus jolies que je connoisse : de vastes rideaux de prussiers , de pins , de sapins et de peupliers l'environnent et la mettent à l'abri des vents nuisibles. Tout genre de culture réussit dans cette vaste enceinte , où les rayons du soleil réunis , concentrés comme dans un foyer , murissent les meilleurs légumes et les fruits les plus délicats : les gazons y sont verds comme dans la Hollande ; on s'égare dans les bosquets de coudriers ; on se promène à l'ombre d'allées longues , larges et sablées ; on s'arrête dans des bocages dont le verd délicat contraste avec le verd foncé des arbres étrangers qu'on y naturalise. Vous trouvez de jolis boulingrins , des arbrisseaux , des fleurs , où jadis la lande sauvage , la ronce aride , des mousses même ne croissoient pas. Allez près de la métairie ; vous y verrez des prés couverts de fleurs. Descendez au joli petit bois qu'on a planté sur le rivage ; quel point de vue quel vaste espace , quel aspect imposant !

La mer meurt à vos pieds, glisse sur le rivage, écume contre les rochers, frappe en fureur ce qui gêne son cours, étincèle de diamans, et dans la direction des rayons du soleil, paroît un fleuve de lumière. Vous arrivez au belvédère, et c'est avec stupeur que vous voyez l'aridité, la mort des campagnes qui vous entourent. Ainsi Penshill fut enchanté par Hamilton. Bénissons ces magiciens dont l'art embellit la nature ; voilà les bienfaiteurs du monde.

Ce fut, accompagné de l'auteur de ce défrichement et du citoyen Conversy, que je parcourus le rivage qui conduit aux sables de Santec ; nous nous rendîmes par terre à Roscoff ; la route est étroite, mais belle. Roscoff, on en peut juger par ses débris, fut très-vaste autrefois ; les champs sont entourés de fossés secs et sabloneux : la terre est grise et très-légère. C'est dans ces champs que, sans compartimens, sans ordre, naissent les légumes si beaux, si multipliés, qui nourrissent le Finistère : ils croissent sous un ciel si favorable, que l'on y cueille des artichaux toute l'année, en pleine terre.

Nous traversâmes, pour aller aux sables, des terreins où l'on pourroit nourrir d'immenses troupeaux de moutons : nous passâmes des lacunes que la marée venoit d'abandonner ; bientôt nous nous trouvâmes sur des plages éloignées des champs cultivés, sur les rivages de la mer. Vous qui vivez dans la mollesse, dans des palais, sur l'édredon, qui redoutez le souffle du zéphir, que d'épaisses murailles, que de doubles chassis, que des rideaux de satin mettent à l'abri des orages ; qui, sans effort, trouvez toujours, à des heures réglées, sur des tables d'acajou, sur des tissus de neige de la Flandre ou de la Hollande, dans des services de vermeil, les mets du plus délicat Sybarite ; qui, portés par de doubles ressorts, menés par un cocher habile, êtes si fatigués, si las, quand vous paroissez à Longchamp, au boulevard, à tous les spectacles, pour terminer votre journée par un brelan, dans un large fauteuil ; ou sur les coussins d'un boudoir, venez dans ces climats sauvages, et contemplez ses habitans.

Battus des vents et des orages, ils sont vêtus de toile au milieu des hivers ; leurs cheveux noirs flottans sur leurs épaules , tombent sur le front et leur couvrent les yeux ; une barbe épaisse ombrage leur menton ; des sillons à trente ans vieillissent leur figure ; ils vivent de quelques panais , de quelques choux ; leur demeure est un trou formé par des rochers que des goëmonds couvrent à peine. Un sable blanc blesse leurs yeux. Ils ne sont en rapport qu'avec les vents et la tempête. La nourriture insuffisante que leurs efforts arrachent à la terre, naît sur des lieux que le sable couvroit. Quelle patience, quel tems il a fallu pour rendre ces terreins au soleil, à l'air, à la culture. Voyez cette mère assise sur un long banc de sable, sur la roche de Mean Roignant; quel lait peut-elle donner au triste enfant qu'elle nourrit ! Les chimères de l'ignorance viennent encore la troubler; la nuit, dans ces affreux déserts, des fantômes hurlans parcourent le rivage; l'homme rouge, en fureur, commande aux élémens, et précipite dans les ondes le voyageur qui trouble ses secrets et la solitude qu'il aime. Ne prenez pas pour des déclamations, pour des oppositions faciles le récit vrai que je vous fais ; c'est là, sur un rocher que j'écrivis , et j'avois sous les yeux ce spectacle déchirant.

Nous arrivons aux Sables blancs ; Buffon décrit l'affreux évènement qui couvrit des champs cultivés , des châteaux , des moulins , et noia pour jamais des campagnes fertiles : un vent de nord nord-ouest engloutit dans une nuit, sous le sable , des villages , leurs habitans : le lendemain , on en cherchoit la place ; ainsi disparurent sous les poussières du Vésuve , Pompeïa , Stabia , des palais , des chaumières et les plaines les plus fécondes. Les sables de Sentec couvrent presque en entier l'église de Tremenach , dont on se servoit il y a peu d'annnées. La jolie ville de Pol-Léon et les champs fertiles qui l'entourent seront bientôt ensévelis , si par les efforts de l'industrie l'on ne parvient à les sauver. Les états de Bretagne affectoient une somme annuelle à l'entretien d'une digue en genêts , piqués verticalement en échiquier ; elle arrêtoit les flots de sable qui s'amonceloient à ses pieds , sur une longueur de 600 toises ; mais bientôt cette digue légère est enlevée , et les sables accumulés volent au premier vent et recommencent leur ravage.

Linné , dans son *Iter OElandicum et Gothlandicum* , imprimé à Stokolm en 1745, *in - 8°*. , parle de *l'arundo arenaria* , commun dans ces contrées , propre à consolider les terreins , à s'opposer aux ravages des sables : par la longueur de ses racines. Il seroit possible de s'en procurer des plans dont on feroit usage et sur nos côtes et sur celles de la France , menacées des mêmes malheurs. L'ingénieur Leroux a donné des projets qu'on s'empressera d'exécuter , si l'insouciance n'y met obstacle ; il propose « de faire , entre les deux rochers qui couvrent la gorge que les sables ravagent , une digue en revêtement de gazon et à angles saillans et rentrans comme ceux des fortifications ; de surmonter ce revêtement d'une haie vive en épine et en genêts épineux qui vient très-bien dans ce pays , et particulièrement dans les terres sabloneuses ; de faire flanquer cette digue par un rideau de prussiers d'Épicea ou de peupliers d'Italie. Il présume que ces moyens arrêteront en tout ou en partie un fléau dont les ravages sont incalculables , et qui finira vraisemblablement par engloutir la ville de St.-Pol elle-même , sur laquelle déjà les grands vents apportent une prodigieuse quantité de ces sables.

Les moyens d'exécution seroient dans l'établissement de deux gardiens affectés à l'entretien de l'ancienne digue et à la confection de la nouvelle , en préparant d'avance les plans qui y seroient nécessaires. Ce travail coûteroit environ 30,000 l. indépendamment de l'entretien annuel.

Il ignore ce qui peut arrêter l'exécution de ces mesures qui ne sont pas de nature à être dirigées par entreprise; mais par économie , et sous la surveillance de la municipalité de Pol-Léon. »

J'ai vu , du grand chemin qui mène à Lesneven, la montagne de sable effrayante, qui menace la commune de St.-Pol ; et je frémis du danger prochain auquel elle est exposée.

Sur cette côte est l'île de Sieck. La Surveillante , dans la guerre dernière, s'y retira pressée par les anglais. Elle mouilla

quatre ou cinq jours à la pointe de Sieck,
par le travers de la Roche à Gaulhedec.

On y faisoit jadis une pêche de sardines,
assez considérable : on l'abandonne depuis
1789. Il y a sur cette île deux métairies
et quelques vieux magasins.

L'ance de Labert, fort enfoncée dans les
terres, pourroit, dans les grandes marées,
recevoir des bâtimens de 200 à 300 tonneaux ; dans les mers mortes, de 30 à 40
tonneaux. Sur ces parages, la mer monte
de 18 pieds dans les grandes marées. Cette
hauteur augmente sur les côtes de l'est,
et diminue sur celles de l'ouest.

Le Quernic, à deux ou trois lieues de
Sieck, est un petit port qui peut recevoir
des bâtimens de 40 ou 50 tonneaux : il
offre une grève considérable, protégée
par un fort en état de résistance.

C'est sous ce fort que la Belle-Poule se
retira après son combat contre l'Aréthuse,
en 1777.

Toute cette côte est défendue par la nature, par un million de rochers avancés,
élevés

élevés à fleur d'eau , par des brisans impraticables.

Je parlerai de Pontusval, dans le district
de Lesneven : le Corréjou , Abervrach sont
de petites relâches pour des barques de 50
à 60 tonneaux. Nous sommes dans le district de Brest. Je reviens au district de
Morlaix, aux environs de Saint-Pol-de-
Léon.

Plongoulm est une commune de 1720
habitans : ses terres sont excellentes ; elles
produisent beaucoup de grains , peu de
légumes. Ce que j'ai dit des mœurs et des
usages du reste du district , s'applique à
Plongoulm , ainsi qu'à Plouenan , autre
commune du canton de Léon , qui contient
2452 individus.

Il me reste à parler du saint protecteur
de Léon. Ainsi Pausanias , en décrivant
les neuf districts de l'ancienne Grèce n'ou-
blie jamais le dieu de chaque église , fût-il
de marbre , ou de pierre , ou de bois ; ne
fût-il qu'un tronc-vénérable consacré par
les premiers sauvages du pays.

St. Pol naquit en Angleterre en 492 :
les saints terminent leur carrière par des

K

miracles ; ils ne les commencent souvent qu'après leur mort, quelquefois même après leur canonisation. Notre héros sur les bancs, au collège , en fit qui ne le cèdent en rien à ceux de Moïse, de J. C., et même à ceux de saint François. Des oiseaux ravageoient les champs de son maître , saint Hydultus ; il les conduit au monastère : le saint abbé indulgent , généreux , les réprimande , leur donne sa bénédiction ; ils s'envolent reconnoissans. De ce moment, ils respectèrent les grains du saint homme de Dieu.

La sœur de Pol vivoit dans un couvent que baignoient les eaux de la mer ; il commande aux flots de s'éloigner de 4000 pas, ordonne à sa sœur , à ses nones de ranger de petits cailloux sur le rivage : ces cailloux s'élèvent , grandissent ; ils sont bientôt des rochers menaçans, capables d'arrêter la mer et ses fureurs.

Pol, en 517 , délaisse sa patrie ; et porté surles flots , arrive à l'île d'Æussa (l'île d'Ouessant). Il vient à l'île de Batz ; le comte de Guythure en étoit le gouverneur, et demeuroit alors dans un palais dont je n'ai pas vu les ruines ; saint Pol s'amuse ,

en s'y rendant , à guérir trois aveugles ,
deux muets, un paralytique, en les tou-
chant de son bâton.

Le comte en ce moment s'occupoit fort
d'une clochette, que le grand roi Marc
d'Angleterre avoit la malice de lui refuser.
Par ordre de saint Pol, un poisson l'avale
et l'apporte à celui qui la desiroit. Cette
cloche d'argent étoit dans le trésor de la
cathédrale de Léon. Au son de cet instrument, les maladies se guérissoient, beaucoup de morts ressuscitèrent.

Il y avoit alors un grand dragon dans
l'île, qui dévoroit hommes , chevaux, toutes les bêtes du pays ; ce qui faisoit trem-
bler le comte de Guythure : saint Pol se
rend à sa caverne, dans ses habits pontifi-
caux, accompagné d'un jeune gentilhomme
de la paroisse de Cléder. Le saint ordonne
au dragon de paroître ; il sort en sillonnant
la terre de ses écailles, en poussant d'affreux sifflemens ; mais enchanté par une
étole, par quelques petits mots secrets , il
marche sous la conduite du jeune gentilhomme de Cléder , jusqu'à la pointe nord
de l'île, où d'un coup de bâton , il fut pré-
cipité dans les gouffres de l'océan. Ce lieu

depuis s'appela *Toull-ar-Sarpant*. Je l'ai vu, je l'ai mesuré : il a cinq pieds de haut, et le dragon avoit soixante pieds de long, et pour le moins dix pieds de diamètre. La fontaine de l'île, celle que la mer couvre et découvre à chaque marée, fut produite *d'un coup de bâton*. Tout le monde avoit soif, et le saint la fit paroître.

Le comte de Guythure, enchanté de son hôte, lui donne son palais, et se retire dans la cité d'Occismor (St.-Pol-de-Léon). Il lui fit présent en partant d'un manuscrit des évangiles, enluminé, copié de sa main ; Guillaume de Rochefort, évêque de Léon, le couvrit de vermeil, en 1352. On a dû le trouver dans les archives de la cathédrale.

De son palais de l'île de Batz, saint Pol fit un beau monastère ; mais comme il manquoit d'eau, il eut recours à son bâton, et produisit une fontaine.

Il fut depuis évêque d'Occismor, se rendit à Paris, vit le roi Childebert, qui lui fit don de l'île d'Ouessant, pour le défrayer du voyage.

Las des hommes, il se retire à l'île de Batz, ordonne de l'enterrer dans la ville sacrée, dont il est évêque; meurt à 102 ans, en l'année 594. Les habitans de l'île veulent conserver ses dépouilles mortelles ; ceux d'Occismor les réclament ; les disputans enfin arrêtent de les placer à moitié sur deux chars, l'un dirigé vers le monastère, l'auver le rivage. Le saint n'attendit pas la fin de la querelle ; il disparoît , passe la mer, et se rend, par les airs, sur le rivage d'Occismor, qui, dès ce moment, fut appelé Pol-de-Léon.

Vous connoissez un saint des Bas-Bretons : connoissez-vous dans l'Inde , en Arabie , chez Schéérasade un plus grand saint? Le chapeau de Fortunatus et la baguette de Moïse, le cor des frères Tangut, la lampe merveilleuse , le petit bâton d'Abaris , ne valoient pas le bâton de notre homme.

Si vous doutiez des faits que je viens de citer , consultez *Petrus de natalibus, Malanus , Vincent de Bauvais , Antanid , Trithemius , Gononus* et les légendaires manuscrits de Léon , de Treguier , de Nantes ; etc.

C'est dans le pays de Léon que se passa la scène des trois fermiers. M. de Ker-

grouades devoit cent mille écus : ses fermiers instruits du désordre de ses affaires,
lui fournissent cette somme , gèrent ses
terres pendant quarante ans , lui laissent
la moitié de ses revenus , et font présent à
son épouse de huit beaux chevaux de ca-
rosse , « afin (dit un acte qui subsistoit en
1788), que madame puisse venir à la
paroisse d'une manière convenable ». Ce fait
eut lieu dans le dernier siècle.

La ville de St.-Pol-de-Léon étoit, avant
la révolution , le pays de la paresse et de
la bonne chère : elle nourrissoit, dans l'a-
bondance , des chanoines , l'évêque et son
clergé. Rien ne troubloit leur sainte oisi-
veté ; quelques gentilshommes y végé-
toient tranquilles ; la bourgeoisie paisible
y vivoit d'un petit commerce, et des des-
sertes de l'église. Des professeurs, une foule
de prêtres, quelques gens de justice, et
l'évêque sur-tout, y répandoient le goût des
lettres ; on y trouvoit beaucoup de livres,
qui depuis ont été transportés dans des
tonneaux à Morlaix. Dans le moment actuel, on n'y voit pas un almanach. J'ai peine
à croire que le projet spécieux d'établir de
b elles bibliothèques dans les chefs lieux de

district et de département, ne fût pas un projet d'anéantir par-tout l'étude, les siences et les lumières.

Cette commune, malgré son éloignement des grandes villes, n'a pas été tranquille dans les tems de l'anarchie. Quel asyle pouvoit échapper à la fureur des bourreaux lancés sur la surface de la France, et de mille valets stilés, guidés par eux contre le patriotisme, l'honneur et la vertu?

Les princes de Léon combattirent long-tems contre les rois et les ducs de Bretagne, qui prétendoient aux droits de bris, sur les côtes du Léonois. Il paroît que dans les tems les plus reculés, leur cour brillante, leurs richesses, la position de leur pays, leur donnèrent un éclat dont les traces sont conservées dans nos anciens romans. Qui ne connoît Tristan le léonois, la belle Iseult; ces scènes de bravoure, de loyauté, de générosité qui peignent les mœurs de nos pères? Sans les souvenirs de la féodalité, qui n'aimeroit à se rappeler la galanterie, les tournois, la pompe de l'antique chevalerie? elle régna dans tout son lustre à la cour des rois de Bretagne. Lisez les Amadis, les Lancelot du Lac, les romans de la Table ronde ; vous y verrez, non les caprices de la poésie, mais d'anciennes traditions, ce que conserva la mémoire des mœurs de nos premiers aïeux. Ce ne fut pas chez les Romains, maîtres de la Gaule ; chez les Gaulois devenus Romains, chez ces sauvages francs, sans armes, sans habits, sans arts, que les romanciers du douzième, du treizième et du quatorzième siècle, puisèrent les descriptions brillantes, les idées pures et délicates, la magie des fées, le palais d'Apollidon, la sagesse, la puissance des solitaires retirés dans les îles de l'océan, dans le creux des rochers, ou dans les forêts druidiques : ils écrivirent ce que de vieilles chansons, des poëmes conservés par les Bardes, et les récits de leurs aïeux, leur rappelloient de la Celtique et de la Gaule.

Je me rappelle une de ces traditions, reste de la philosophie celtique, tradition qu'on répétoit dans les veillées des vieux chateaux.

Un enfant, beau comme l'Amour, fils d'un prince du Léonois, s'égare ; il erre abandonné de ses gens, de son gouverneur, sur le rivage de la mer. Une affreuse tempête,

les hurlemens des animaux sauvages, le
sifflement du vent, le bruit des vagues, une
grêle épouvantable, l'obligent à chercher
un asyle dans une caverne que l'éclair lui
fait découvrir. Il avance ; ses habits, ses
pieds sont déchirés par les pointes aiguës
des cristaux, des granits qui tapissent cet
antre obscur ; enfin une lueur se fait appercevoir et lui rend le courage qui commen-
çoit à lui manquer ; il arrive dans une grotte
immense, éblouissante d'escarboucles, de
diamans, de topases et de rubis, et voit sur
un massif de marbre, une divinité majestueuse : sa taille est gigantesque ; une couronne d'étoiles éblouissante environnoit ses
cheveux blonds ; le zodiaque étoit gravé
sur sa ceinture d'or, relevée par des émaux ;
une tunique blanche, un manteau pourpre, un voile bleu brodé de fleurs de couleur hiacinthe, des brodequins couleur
d'azur formoient son noble vêtement ; elle
apperçoit notre malheureux prince ensan-
glanté, mourant et se traînant à peine. Bel
enfant, lui dit-elle, en lui tendant la
main, malheureux enfant, que viens-tu
faire dans cet asyle des tempêtes et des
orages ? Il y règne un instant de calme ;

mais tu n'as qu'un moment à vivre, si mes enfans fougueux arrivent de leurs courses accoutumées ; tu seras déchiré, divisé, décomposé par eux, comme l'écume du rivage l'est par un vent impétueux ; cache-toi dans les cavités de ce rocher ; je ferai mes efforts pour te sauver la vie. Il obéit, et se couche en tremblant sur un lit de plantes odoriférantes. Un bruit affreux se fait entendre, toute lumière disparoît, un froid mortel se répand dans la caverne, la terre tremble, les voûtes sont ébranlées ; sans l'abri protecteur que lui prêtoit le corps de la déesse, notre enfant n'existeroit plus. Il est témoin des hurlemens, des fureurs, de la brutalité d'un monstre : ce monstre étoit le vent du nord, las des horreurs de sa journée. Le vent du midi lui succède, et notre aimable enfant se sent mouillé dans sa retraite : l'ouest impétueux, armé d'une double puissance, vint à son tour dans la caverne, où bientôt l'est bienfaisant tempéra les rigueurs du froid et de l'agitation de l'air. Le repos n'est pas fait pour cette espèce de démons ; la terre, le ciel èt la mer sont les éternels jouets de ces divinités cruelles... nourries d'une espèce d'ambroisie préparée par leur mère : impatientes, elles partent et recommencent leurs ravages.

Le malheureux prince de Léon avoit eu peine à résister aux violentes commotions, au froid mortel qu'il avoit éprouvés : il ne pouvoit agiter ses membres glacés ; son œil étoit éteint, son joli visage décoloré, quand une douce chaleur, un parfum délicieux, une lumière agréablement ménagée, un bruit semblable à celui des feuillages que balance un souffle léger, le rappelèrent à la vie. La fée bienfaisante le porte doucement sur ses genoux, l'enveloppe de ses habits, le rassure, le tranquillise. Ne crains plus rien, bel enfant, voici le plus jeune, le plus aimable de mes fils ; il sera ton ami. Le calme qui nous environne nous annonce son arrivée. Zéphir porté sur un nuage d'or, les aîles surchargées de poussière de roses, de jasmins, d'œillets, de fleur d'orange, vole dans les bras de sa mère. Elle l'embrasse, le caresse. C'étoit l'enfant gâté de la nature : son œil brillant, son attitude gracieuse, son sourire enchanteur, tout inspiroit la confiance. Il accueillit le prince de Léon, presqu'aussi beau que lui ; mais

d'une nature moins subtile : les demi-dieux
ressemblent à de l'air condensé , mélangé
d'or, de pourpre et de lumière. Bientôt une
tendre amitié les réunit : Zéphir conte à sa
mère les merveilles de sa journée , les
heureux qu'il a faits , tout ce qui s'est passé
dans les climats qu'il a parcourus , ses
courses dans toutes les sphères, dans Ura-
nus , dans le soleil et dans la lune, au-delà
du cercle borné que nous nommons le Zodiaque. Ses recits sont si vifs , si piquans,
si brillans , que notre prince est en extase.
La nuit s'avance , le sommeil fuit ; les fa-
tigues du jour s'oublient , la fée jouit de
son bonheur ; mais aussi prudente que
bonne , elle les force à chercher du repos.
Ce fut en vain : le prince enchanté, curieux,
insatiable , fatiguoit de questions son nou-
vel ami, qui lui promit enfin de le porter
dans les lieux où ses caprices accoutumés
l'entraîneroient. Il se tut à cette promesse ,
et s'endormit dans les bras du Zéphir , sur
un joli tapis de mousse.

A la pointe du jour, au lever de l'aurore,
ils s'élancent dans l'atmosphère. Par une
opération magique, le prince avoit perdu
sa terrestre enveloppe ; ses sens ont une

subtilité qu'ils n'avoient pas la veille ; l'harmonie des corps célestes se fait entendre ; ces formes incertaines qu'il voyoit sur la terre errer sous le nom de nuages, lui semblent des armées agitées, balancées par les vents. C'est un amas immense d'hommes, de femmes et d'enfans ; ils se pressent, s'agitent, s'élancent, tombent, se relèvent ; les uns gémissent, d'autres, fondant en larmes, tendent les mains vers la terre qu'ils quittent ; d'autres méditent profondément. Ils volent au-dessus des guerriers, et par leur influence, augmentent le courage ou frappent de terreur. Ce sont eux qui, la nuit, dans l'obscurité, dans les forêts silencieuses, effraient les mortels par de longs hurlemens, par des apparitions et des lumières trompeuses. Participant encore aux passions terrestres, ils s'unissent aux passions des hommes ; on reconnoît leur influence dans les songes, dans les terreurs paniques ; ils sont les sylphes, les ondins, les gnomes, les salamandres. Ils font de vains efforts pour quitter l'atmosphère, une force invincible, une muraille de saphir s'opposent au vol qu'ils voudroient prendre vers les sphères plus pures qui roulent dans l'immensité. Dès qu'un corps s'est organisé, impatiens, ils s'y joignent, ils l'habitent, ils l'animent. Ces ombres qui n'ont pas atteint la pureté qui les réunit au soleil, (génie de leur systême) , errent sous la forme des divers animaux qui peuplent l'air , et la terre et les mers.

Le prince de Léon, ébloui par la variété des objets qui se pressoient autour de lui , quittoit cet amas confus de démons , de chimères , et déjà parvenoit dans le tourbillon de la lune.

C'est là que des milliers d'ombres pâles , presqu'inanimées , errent sur des plaines de glace , sans autre sentiment que celui de l'existence. Là sont les réservoirs du premier principe de la vie , de l'ame , qui n'a de sensation que quand elle s'unit au corps : c'est là qu'elle perd les idées du passé , des longs voyages qu'elle a faits dans tous les globes, et qu'elle va recommencer. On voit ces ames réunies tomber en masse sur la terre par les longs tubes d'obscurité formée par ce qu'on nomme éclipse : l'étincèle qui les anime au moment de leur contact avec la terre , part du soleil, amas brillant d'intelligences, dont les éma-

nations vivifient le système terrestre ; c'est
du principe générateur, humide et froid
de la lune, frappée des rayons du soleil,
que naît et se maintient la vie chez de tous
les êtres sublunaires.

Nos deux amis entraînés par un vol rapide, montoient vers le soleil ; le prince
s'en approchoit avec frayeur ; il se faisoit
l'idée d'une fournaise ardente, et pressoit
le Zéphir d'éviter cette demeure : Zéphir
sourit de son inquiétude, elle étoit déjà
dissipée. Celui qui connut les plus douces
sensations d'un amour pur, délicat et sub-
til, dans les beaux jours de sa jeunesse ;
celui que la harpe des Bardes enchanta sur
les rives de l'Océan, à la chûte d'un jour
d'été ; l'homme fortuné qui consomme sa
vie dans des actes de bienfaisance ; l'être
qui retrouve un ami, n'ont pas l'idée des
douces émotions de la délicieuse pression,
de l'enchantement, de l'ivresse qu'éprouva
le prince de Léon, en s'approchant du
disque du soleil. Cette masse prodigieuse
n'est qu'un amas d'ames célestes et pures
qui se confondent, qui nagent dans un
océan de délices : leur état extatique ne
peut être décrit ; c'est un mélange de tou-

tes les sensations, de tous les sentimens,
de toute espèce de jouissance : toute espèce
de bien , de félicité dans la sphère immense
qu'il éclaire, qu'il pénètre, qu'il anime ,
émane du soleil ; c'est la demeure des
bienheureux , des sages , des amis de l'humanité.....

Le prince de Léon sentit avec regret la
force irrésistible qui l'entraînoit vers Sirius,
où Zéphir lui promet de nouvelles merveilles. C'est la demeure des Eblistes, espèce
de demi-dieux purifiés trois fois dans le soleil, qui ne peuvent descendre et parcourir
encore la chaîne des globes et des astres ,
nageant dans un atmosphère moins épuré ;
c'est le centre d'un nouveau tourbillon qui
par tous les points de sa surface , touche
à des milliers de mondes différens, dont les
bornes sont l'infini. Il est un point, à quelques milliers de lieues de Sirius, plus merveilleux encore, que je vais vous décrire ;
car il échapperoit à vos sens trop grossiers.
—Imaginez.....

Le conte n'est point fini ; je ne l'achéve-
rai pas : ce seroit substituer mes concep-
tions aux données des anciens Druides ,
que de longues méditations avoient instruit

des

des merveilles de l'univers. Il est certain que dans les anciens philosophes de l'Étrurie, de Perse et de la Grèce, on aperçoit des restes de la théologie dont les bretons ont encore conservé des traces. Ils sont la base du récit que je viens de vous faire, avec toutes les erreurs de ma mémoire et de la tradition.

On trouvera dans la suite de cet ouvrage des chansons, des notes sur la musique, sur la poésie vraiment originale d'un peuple auquel le commun des hommes accorde à peine une langue : qu'on juge avec légèreté, comme on prononce sur une médaille antique dont on ne peut qu'à peine déchiffrer les caractères ou deviner l'empreinte, effacés par la rouille et la lime des tems.

C'est aux Minimes de Pol-de-Léon qu'on a trouvé le grand tableau flamand dont il a été parlé dans le catalogue imprimé des monumens épargnés dans le Finistère ; on voit encore dans cette commune une copie passable de Rubens ou d'un maître de son école : saint François est debout ; il étend son manteau ; des rois, des princes, des évêques, des impératrices et des femmes d'un haut parage le contemplent dans une attitude de respect et d'amour : ils sont à genoux près du saint, qui foule aux pieds assez de couronnes, de sceptres et de cordons, pour que l'orgueil d'un capucin en soit pleinement satisfait. Les costumes de ce morceau sont riches et lui donnent du prix. On voit dans la même chapelle une tête du Christ, qui, sans avoir de dignité, a beaucoup d'expression et de caractère.

Je quitte à regret St.-Pol-de-Léon, ville agréable, pittoresque, dont le site élégant me charme ; mais nous avons quelques points du district à visiter encore.

On prend la route de Tréguier pour se rendre à Lanmeur : cette route est variée. A près d'une lieue de Morlaix, vous jouissez, sur une montagne, d'un point de vue très-étendu.

Lanmeur est un chef-lieu de canton : trois autres communes en dépendent ; la population générale est de 6239 individus. Ce chef-lieu n'est qu'un bourg peuplé de 2400 personnes. Rien de ce qui peut embellir la demeure des hommes ne s'y trouve. On n'y voit ni fontaines, ni halle, ni manufacture : le cimetière est au milieu des habitations ; point de secours contre les incendies ; une insupportable mal - propreté corrompt l'air qu'on y respire : la municipalité grimpe par une échelle dans un galetas qui lui sert de salle d'audience : le peuple, au milieu de ces désordres, vit cependant sans maladie, sans médecins ; il est même plus gai que triste, et danse volontiers au son des tambourins, des musettes et du haut-bois. Les chemins vicinaux sont détestables ; il seroit sur-tout nécessaire de réparer 1°. celui qui mène à Brest, pour faciliter le transport des bois dans ce port, et servir les communications qui doivent régner entre les communes environnantes ; 2°. celui de Plouegat-Guerand, sur une étendue de trois quarts de lieue, ouvert sur le devis du citoyen Loriot ; 3°. celui qui conduit de Guimec à Lanmeur : ce dernier n'a qu'une demi-lieue.

Le commerce le plus important du canton est celui des bestiaux : la foire de St.-Melar, où l'on vend des poulains d'un an, est une des principales de la Bretagne.

On cultive dans ce canton de l'orge, du froment, du bled noir, des avoines ; les pâturages en sont bons.

Ce pays donne peu de légumes, point de

cidre , très-peu de bois. On y file beaucoup de lin : les moutons y sont en très-petit nombre , les abeilles en petite quantité.

Le saint de la paroisse est le bienheureux Médard. On voit dans une chapelle souterraine de son église , une fontaine où jadis on baignoit les enfans quand le baptême se faisoit par immersion. Ses eaux ont des vertus admirables. Saint Médard eut une main coupée ; dieu la fit repousser comme une patte d'écrevisse : pour rappeler ce miracle , sa statue tient une main coupée qu'elle montre orgueilleusement aux spectateurs.

A deux portées de fusil de Lanmeur étoit jadis le fameux pardon de Kernitron : cette vierge présidoit aux mariages , donnoit , pour des offrandes de cire , de grains et d'argent , de riches maris et de bonnes femmes.

Passons à Saint-Jean-du-Doigt , sur le rivage de la mer. Cette chapelle est située dans une anse où des bateaux plats pourroient aborder aisément sur un beau fond de sable blanc. On demande dans la section de Tréhenvel une batterie de deux canons de 12 ou de 24, qui puisse en défendre l'approche. Là, 1800 habitans vivoient à l'aide

des offrandes faites au doigt de saint Jean ;
de la dépense d'une multitude incroyable
de pélerins qui s'y rendoient de la Bretagne,
de la Normandie , des provinces les plus
éloignées : malgré les chemins impraticables qui l'environnent , plus de vingt mille
personnes de tout âge marchoient pieds nuds
dans ce pélerinage.

Le site en est riant , agréable et borné :
la mer , pressée par deux montagnes , pénètre sur un lit de sable ; ses flots meurent
sur des prairies coupées d'ormeaux et de
sapins. Des haies d'épines blanches et de
rosiers sauvages entourent quelques vergers,
soutiennent des toîts de chaume , et coupent agréablement ce délicieux paysage.

Au milieu de la colline dont la pente est
presque insensible , s'élèvent les bâtimens
consacrés à saint Jean : son eau vivifiée par
l'index du saint , guérit toutes les maladies,
est sans cesse entourée de femmes et d'enfans , d'hommes à barbe grise , qui se lavent les mains , les yeux et les genoux.
Toutes les parties du corps que la douleur
attaque , reçoivent du soulagement par
cette liqueur admirable ; elle charme l'ennui , dissipe les chagrins : le moly des an-

çiens, le serpent d'Esculape, tous les secrets de l'île de Cos, produisoient jadis
moins d'effet; et dans les tems modernes,
l'Averne, à Rome, SaintJacques de Compos-
tel, le tombeau de Mahomet et Notre-Dame
de Lorette, donnent moins d'indulgences
aux fidèles qui les visitent.

L'église dont l'architecture gothique est
un chef-d'œuvre de délicatesse et de légèreté, est dominée par un joli clocher couvert de plomb : les artistes du tems passé
tâchoient d'unir le merveilleux de l'architecture aux merveilles de l'imagination ;
les colonnes très-élevées qui supportent le
comble de l'édifice, sont évidées ; elles
n'ont pas deux pieds de diamètre.

Je vis dans cette église des *ex-voto*, et
la tête de saint Jean grossièrement sculp-
tée, colorée de blanc et d'un gros rouge,
placée près d'une boëte où l'on dépose les
offrandes. J'y vis, et sans la gravité du lieu,
sans la piété d'une foule nombreuse dont
je me commandois de respecter les préjugés, je n'eusse pu m'empêcher de rire avec
éclat de l'attitude, des contorsions, des
grimaces d'un grand homme louche de 50

ans , dont , pendant un demi-siècle , toute l'occupation consiste à verser d'un vase d'étain , de l'eau dans un gobelet de plomb, à marmoter des patenôtres , à tourner un chapelet dans ses doigts, à recevoir l'argent qn'on lui prodigue. Hélas ! si les dévots se contentoient d'être imbécilles ; mais ils sont atroces , cruels, ambitieux , calomniateurs ; ils égorgent au nom d'un dieu ; ils empoisonnent pour le ciel , et ne pardonnent pas au nom de la religion et de la sainte église , en France comme en Arabie, et dans l'Inde comme en Espagne.

On brûloit le corps de saint Jean à Samarie , par ordre de Julien l'Apostat : une pluie miraculeuse permet aux chrétiens d'en dérober quelques reliques ; un de ses doigts fut envoyé par eux à Philippe le Juste , patriarche de Jérusalem. Tecle , vierge normande , le transporte dans sa patrie , fait bâtir une église dans laquelle elle le consacre à la vénération publique. Un jeune Bas-Breton , natif de Plougasnou , se passionne pour cette pièce merveilleuse , et forme le projet de l'enlever ; le doigt n'attend pas cette violence , et se place entre cuir et chair , sous le poignet de son adorateur , sans qu'il se doutât de cette bonne fortune. Ce fut en 1437 , que miraculeusement entraîné vers sa patrie , il se met en marche ; dès la première journée , passant dans une petite ville , les cloches sonnent d'elles-mêmes, des arbres s'inclinent, toute la nature s'émeut et de respect et de plaisir; il passe pour sorcier ; on le saisit , on l'enferme. Le lendemain , qui le croiroit ? il s'éveille dans son pays , dans la commune de Plougasnou , près d'une fontaine qu'on nomme encore *Feunteun Arbis* (Fontaine du doigt), L'amant de la reine de Golconde ne fut pas plus surpris , quand il reconnut dans l'Inde le site , le petit pont, et l'aimable laitière , premier objet , premier théâtre de son amour. Tout s'émeut dans Plougasnou ; la chapelle de Saint-Meriades s'ouvre ; la terre tressaille d'allégresse et se couvre de fleurs nouvelles. A peine notre breton étoit-il à genoux que le doigt du saint se dégage , et va se placer sur l'autel : il reconnoît l'objet de son adoration ; les cierges s'alument, le peuple se prosterne. Le duc Jean qui résidoit à Vannes , accourt à cette nouvelle; il arrête d'élever une église à son patron. Que de miracles ! les morts ressuscitent , les sourds entendent , les aveugles voyent , les offrandes des fidèles facilitent la construction du nouveau temple : la première pierre en fut posée par le duc Jean , le premier août 1440 ; il ne fut achevé qu'en 1513 , par la libéralité de la reine Anne.

Cette princesse eut l'irrévérence d'envoyer chercher sur un brancard le doigt sacré ; elle vouloit l'appliquer à son œil malade : le brancard se brise , la relique retourne à sa place ; Anne repentante fait à pied le voyage , guérit , donne une boëte de cristal , des chandeliers , un calice de vermeil , un encensoir au trésor de saint Jean. Une partie de ces objets furent vendus à l'époque des guerres de la religion. Le pied de la reine Anne est empreint sur le piedestal d'une croix à Lann-Festour.

On n'avoit rien négligé pour frapper l'imagination des nombreux pélerins qui se rendoient dans ce séjour de miracles et d'enchantemens : les sentiers qu'on fouloit en l'approchant étoient sacrés ; des saints épars , grossièrement sculptés , peints , dorés , se trouvoient sur la route , auprès de cabarets où la tête se montoit par les fumées de l'eau-de-vie. On rencontroit, autour de la grande fontaine, des estropiés qui crioient au miracle, des clercs qui les expliquoient, des poëtes qui les chantoient : les cérémonies religieuses se faisoient avec majesté ; les prêtres étoient revêtus des étoffes les plus brillantes. La veille de la fête du saint, dans une profonde obscurité, une scène nouvelle donnoit le dernier coup à la raison de ces bonnes gens ; un ange partoit du sommet du clocher, éblouissant de feux et d'artifices : il alloit à cent toises, sur un monticule, allumer le feu de saint Jean, remontoit au sommet du clocher, et disparoissoit dans les airs, sans qu'on pût voir la corde sur laquelle il glissoit en tournant pour opérer cet effet merveilleux.

Les habitans de l'île de Malte disputent à ceux de Plougasnou la possession du vrai doigt de saint Jean. Un grand esprit termine la querelle, en assurant que les Maltais avoient le *medius*, et les Bretons l'*index* de la main droite (1). Il eût été plus difficile

----

(1) L'imprimeur Pierre Pautonnier, dans un Recueil intitulé *Nugœ Poeticœ*, donne un poëme latin sur la translation du doigt de saint Jean. On le trouve dans la vie des saints de Bretagne. Guillaume Leroux de Plougasnou le composa vers l'an 1605.

d'accorder les propriétaires de têtes du même saint dont l'abbé de Villars baisoit un jour la septième.

La Bretagne est plus loin qu'aucune autre contrée de quitter ses extravagances. Le gouvernement théocratique des druides fut remplacé par le gouvernement des prêtres catholiques, et jamais le développement de leurs absurdités ne put s'opérer avec plus de succès que chez ce peuple infortuné. On eut soin de l'éloigner des français qui pouvoient l'éclairer ; on eut soin de le priver de toute instruction, de lui conserver une langue particulière, pour le maintenir dans un état d'asservissement capable de comprimer son caractère, dont on redoutoit les effets. Jamais la voix de la philosophie ne pénétra dans ses contrées ; et des pardons et des missions éteignirent jusqu'aux moindres étincelles de la lumière et du bon sens. Il faut avoir vu ces sauvages assemblés, pour se faire une idée des balourdises qu'on y débitoit, des bouffonneries qu'on y pratiquoit. Les sermons de Menot et de Barlette sont des pièces d'éloquence ; les facéties d'Arlequin, du bon sens, si vous

les comparez aux prônes, aux farces des
curés et des vicaires de ces campagnes.

Dans les missions, des dialogues entre
deux têtes de mort, entre des damnés et les
ames du purgatoire ; l'obscurité, des me-
naces épouvantables, des chants lugubres,
l'enfer dans toutes ses horreurs, le désespoir, l'éternité des flammes dévorantes,
des serpens rongeant le cœur, déchirant les nerfs ; des crapauds glacés, sié-
geant sur votre sein, des chaudières bouillantes, où l'on vous descendoit insensiblement, dont on vous retiroit pour vous y
replonger encore ; des tableaux mouvans,
des squelettes, des pantomimes, toutes les
ruses de la plus grossière fourberie, produisoient des effets incroyables. On s'y
déchiroit la poitrine ; des femmes avor-
toient, d'affreux hurlemens retentissoient
dans les cavernes, dans les églises où ces
mystères s'exécutoient ; et long-tems après
ces spectacles sauvages, la plus noire mé-
lancolie, le désespoir étoit l'état habituel
de tout individu qui s'y laissoit conduire.

Je l'ai dit et je le répète, quelques absurdités particulières caractérisent chaque can-

ton de l'univers ; la Bretagne les réunit toutes. Parcourez les annales de ce pays de rêveries et de merveilles :

Vous verrez près du château de la Roche-Maurice, près de l'ancienne rivière de Dourdoun, un dragon dévorant et les animaux et les hommes, que le roi Bristokus appaise en lui livrant tous les samedis un malheureux que le sort désignoit.

Vous verrez le fameux saint Guénolé, arrachant l'œil de sa sœur de l'estomac d'un oie qui l'avoit avalé, et le remettant à sa place, sans que cet œil perdît de son éclat, de sa beauté.

Le colier de fer de saint Sané servoit d'épreuve ; il étrangloit sur-le-champ les parjures. L'eau de sa fontaine procuroit, pendant vingt-quatre heures, des vents favorables à ceux qui la puisoient et l'emportoient dans leurs vaisseaux ; des cailloux olivâtres trouvés dans le tombeau du St. prélat, préservoient de la peste et des naufrages.

Les eaux de la mer en fureur engloutissent l'opulente ville d'Is , et noyent l'impudique Dahut, fille du roi Gralon.

Saint Vincent Ferrier , disant la messe

à Vannes , va chercher ses gants , son parapluie à Rome, sans qu'on s'apperçoive de son absence.

Saint Renand se transformoit en bête brute.

Saint Vouga traverse la mer sur un rocher.

Saint Ké , surnommé Coladec , avoit une clochette qui l'avertissoit du bien qu'il devoit faire , du mal qu'il devoit éviter.

Saint Efflame et ses compagnons avoient pour cuisiniers des anges brillans de lumière.

Un loup mange l'âne d'un pauvre homme; saint Malo le contraint à faire l'office de l'animal qu'il avoit détruit, ce qu'il fit avec zèle, sans toucher aux moutons renfermés avec lui dans l'étable.

On y croit à des cheveux , qu'en les soufflant dans l'air on métamorphose en animaux ; au petit bâton qui se change en chien noir, en aigle, en lion , etc. ; à des animaux qui se rendent invisibles, à des aigles portant des hommes dans les airs , obéissant à des génies ; à des fées qui métamorphosoient en or , en diamant la main des indiscrets qui souilloient les fontaines

dont elles défendoient l'approche aux pro-
fanes.

Jan gant y tan, Jean et son feu, est une espèce de démon qui porte dans la nuit cinq chandelles sur les cinq doigts, et les tourne avec la rapidité d'un dévidoir.

Des espèces de folets enlèvent la crême de leur lait ; ils ont *avel-fal*, le mauvais vent.

Le chant du coucou, par sa répétition, vous annonce l'année de votre mariage.

Si la chemise des enfans enfonce dans l'eau de certaines fontaines, l'enfant meurt dans l'année ; il vit long-tems, si ce vêtement surnage : on le met humide sur le corps de ces petites créatures, pour les préserver de tous maux.

Puisque la fontaine de Krignac, où j'ai bu trois fois de l'eau à l'heure de minuit, ne m'a pas guéri de la fièvre tierce, je cesse tout remède, et je me décide à la mort, disoit un paysan du district de Quimperlé.

Vous voyez par ces traits, la quantité de faits bizarres dont je pourrois charger ces feuilles ; ne démontrent-ils pas que les

rêves des Pythagoriciens , le démon de Socrate , les cailloux de Cybèle , les miracles
de Vespasien , le bâton d'Abaris , les aven-
tures d'Andromède , du Minotaure , de
Deucalion , les épreuves , la puissance
d'Eole , le culte des eaux , l'anneau de Gi-
gès , le doigt de Pyrrhus ; tous les rêves
sur les démons , les fées , sur les auspices ;
les ruses des jongleurs , des caperleta , des
bonzes , des brachmanes , des hiérophan-
tes, de tous les charlatans de l'univers , ont
leurs analogues dans la Bretagne.

Revenons à St.-Jean du-Doigt. On auroit
de la peine à se faire une idée de l'espèce
d'épouvante qu'éprouvèrent les spectateurs
et la municipalité, qui m'accompagnoient ,
quand j'osai toucher , examiner le saint
doigt et le grand calice que je crois réelle-
ment un présent de la reine Anne. Il fallut
les saisir moi-même dans le sanctuaire : je
me prescrivis cependant la plus grande ré-
serve ; je défendis la moindre plaisanterie,
la moindre irrévérence aux soldats qui
s'étoient approchés , et qui, le chapeau sur
la tête , la parole élevée , scandalisoient les
habitans émus , inquiets , à genoux. Pauvres gens ! Le philosophe altier, l'homme

du

TABLEAU
DES MOTS CONSTITUTIFS DES LANGUES.

VALEUR DES MOTS PRIMITIFS RELATIFS A DIEU.	MOTS PRIMITIFS PRODUITS PAR LA RESPIRATION.	VALEUR DES MOTS PRIMITIFS RELATIFS A L'HOMME.
Existence, Unité, Perfection, Sainteté, Paternité, Bonté, Principe, Prééminence, Félicité.	A	Principe, Existence, Paternité, Primauté, Ainesse, Noblesse, Joie, Satisfaction, Beauté, Abondance, Science, Sainteté, Félicité et premier en nombre.
Eternité, Lumière, Infinité.	E	Existence, Grandeur, Subsistance, Utilité, Mesure, Durée et second en nombre.
Majesté, Infinité, Immensité.	I	Puissance, Grandeur, Richesse, Connoissance, Ennui, Longueur, Pluralité et trois en nombre.
Incompréhensibilité, Profondeur, Calme, Abîme, absorbtion de toutes choses	O	Vieillesse, Mortalité, Voiles, Ténèbres, le futur Malheur, Dommage, Eau, Mer, Merveille, Admiration, Incompréhensibilité et quatre en nombre.
Abîme impénétrable de vérité, Profondeur, Inexistence du néant, in plénitude de toutes choses.	U	Existence, Vérité, Clarté, Lumière, Profondeur, Conservation, Crainte, Peur, Dépendance, Privation, Carence de sens, Folie, Pauvreté, Infériorité, et cinquième ou dernier en nombre.

VALEUR DES MOTS COMPOSÉS NATURELS.	MOTS COMPOSÉS NATURELS.		MOTS COMPOSÉS RENVERSÉS.	VALEUR DES MOTS COMPOSÉS RENVERSÉS.
Dieu, Soupir, Félicité, Hauteur.	ah	H	ha	Ame, Désir, Possession, Félicité.
Principe, Sûreté, Commencement, Solidité.	ka	K	ak	Inexistence, Laideur, Mal-propreté, Défectuosité, Contrariété, Contrainte, Violence.
Ciel, Etre, Existence, C'est, il est, Vérité, Affirmation.	ef	F	fe	Foi, Fidélité, Vérité, Existence, C'est, il est, Assertion.
Ange puiné, Second, le, lui, autre égal, Aidé, Opposé.	el	L	le	Ciel, Serment, Lien, le, lui, laize, seconde étendue, Largeur, Second autre.
Propriété, Existence, Tendresse, Moi, il est à moi, Démonstration, Voici, C'est.	em	M	me	
Ciel, Ame, Etre, Existence, Vérité, Lui, celui, ce, celui-là, Isle, C'est, il est, voilà.	eu	N	ne	Inexistence, Privation, Négation, Fausseté.
Ciel, Air, Grand, Long, Subsistance, Avantageux, Ennuyeux.	er	R	re	Chose, Surabondance, Multitude, Répétition, Longueur, Sable.
Existence, Possession, Aisance, C'est, il est.	es	S	se	Existence, ce, cela, c'est, il est.
Etre, Avoir, Existence, Possession, C'est, Soit, Il est, Sera, Douve, Fosse, Tombeau, Moindre, Plus petit.	be	B	eb	Privation, Besoin, Carence, Défaut, Nécessité.
Existence, ce, celui, cela, le, lui, être.	ce	C	ec	Contrariété, Chagrin, Mortification, Hauteur.
Lumière, Jour, Homme, Existence, C'est, il est, Vérité.	de	D	ed	Eternité, Etendue, Durée, Longueur, Valeur, Subsistance, Ennui.
Possession, Existence, Assertion, Vérité, Je, Moi, C'est, il est.	ge	G	eg	Contrariété, Chagrin.
Etre, Existence, Pièce, Division, Partage, Avoir, ou il est, C'est.	pe	P	ep	Privation, Carence, Besoin, Nécessité.
Lumière, Existence, Tu, Toi, Vois, C'est, il est.	te	T	et	Eternité, Etendue, Durée, Obscurité, Subsistance, Longueur, Ennui.
Etre, Vérité, Fosse, Douve, Tombeau, Cavité, Moindre, il est ce qui a coutume d'être.	ve	V	ev	Il est, Cela, Affirmation, Vérité, C'est ici l'o joint à l'e qu'on prononçoit.
Voyez S. au renversé. C'est, il est bas, Voilà, Ténèbres, Cavité.	ze	Z	ez	
	qu	Q		

TABLEAU
DES PHRASES PRIMITIVES FORMÉES DES MOTS COMPOSÉS, TANT NATURELS QUE RENVERSÉS.

Mots naturels.	PHRASES DES MOTS NATURELS.		Mots renversés.	PHRASES DES MOTS RENVERSÉS.	
	MOTS.	PHRASES.		MOTS.	PHRASES.
ah	.. ch ih oh uh.	cah iah oah uah.	ha	he hi ho hu.	hae hai hao hau.
ka	.. ke ki ko ku.	kae kai kao kau.	ak	ek ik ok uk.	eak iak oak uak.
ef	.. af if of uf.	aef ief oef uef.	fe	fa fi fo fu.	fea fei feo feu.
el	.. al il ol ul.	ael iel oel [illegible]	[illegible]	ti to tu.	tea tei teo teu.
em	.. am im om um.	aem iem oem uem.	me	ma mi mo mu.	mea mei meo meu.
en	.. an in on un.	aen ien oen uen.	ne	na ni no nu.	nea nci neo neu.
er	.. ar ir or ur.	aer eir oer uer.	re	ra ti ro ru.	rea rci reo reu.
es	.. as is os us.	aes ies oes ues.	se	sa si so su.	sea aci sco acu.
be	.. ba bi bo bu.	bea bei beo beu.	eb	ab ib ob ub.	acb icb ocb ueb.
ce	.. ca ci co cu.	cea cei ceo ceu.	ec	ac ic oc uc.	aec iec occ uec.
de	.. da di do du.	dea dei deo deu.	ed	ad id od ud.	aed ied oed ued.
ge	.. ga gi go gu.	gea gci geo geu.	eg	ag ig og ug.	aeg ieg oeg ueg.
pe	.. pa pi po pu.	pea pci peo peu.	ep	ap ip op up.	aep iep oep uep.
te	.. ta ti to tu.	tea tci teo tcu.	et	at it ot ut.	aet iet oet uet.
ve	.. va vi vo vu.	vea vei vco veu.	ev	av iv ov uv.	acv iev oev uev.
ze	.. za zi zo zu.	zea zci zco zcu.	ez	az iz oz uz.	aez iez oez uez.
qu		qua que qui quo.			

Nota. On a retranché de ce tableau les lettres S. Y. X. Ce sont des doubles lettres.

Nota. On se croit pas qu'il y ait guères au-delà de douze consonnes lettres.

du monde vous regardent avec dédain , et leurs querelles , et leur ambition et leurs fureurs méritent bien votre pitié. Le plus stupide des hommes est celui qui n'est pas indulgent.

En 1489 , quand Henri VII envoya des secours à la duchesse Anne , contre Charles VIII , roi de France , sous les ordres du général Richard d'Eggecimile , ses vaisseaux enlevèrent le doigt de saint Jean. Arrivés au port d'Hampton , ils firent prévenir le clergé du riche trésor qu'ils apportoient. Quelle fut la surprise générale ! La boëte se trouva vide ; la sainte relique avoit repris le chemin de son domicile : ainsi le bambino qui remplace Jupiter tonnant à Rome , enlevé par des voleurs , sut , malgré ses langes et son maillot , retourner à pied dans sa crèche : ainsi la ceinture de la vierge ne peut quitter l'église de Prato. L'homme tourne autour d'un petit cercle d'idées ; et qui connoît un coin du monde... pourroit juger tout l'univers.

Les habitans de St.-Jean-du-Doigt demandent qu'on fasse réparer leur fontaine et les chemins qui mènent à Morlaix ; ils sont impraticables.

M

On cultive dans ce petit pays beaucoup d'orge et de froment, du lin, peu de chanvre, peu d'avoines ; on y trouve quelques moutons.

Parmi les personnes que j'avois fait rassembler pour leur demander des détails sur l'histoire du pays, se trouvoit un homme extrêmement timide, mais fort instruit ; il avoit été l'archiviste de la chapelle, en connoissoit les titres, les papiers. Ce galant homme, après beaucoup d'avances et de caresses, s'ouvrit à moi. J'eus le bonheur d'exciter sa confiance ; il me fit connoître un de ces êtres singuliers à caractère, qu'on ne trouve à présent que dans la Bretagne infréquentée, non polie par l'usage et l'uniformité de la société ; une de ces médailles qui montrent et leur empreinte et leur exergue dans un état de parfaite conservation. Il vit à Plougasnou, sans fortune, et tire toutes ses ressources d'une place de notaire, dont les profits sont presque nuls. Il me donna les détails les plus circonstanciés sur l'état de sa patrie, séparée du reste de la Bretagne, où les mœurs et la manière de vivre des tems les plus anciens se sont conservés sans altération. Le peuple qui l'habite ne se mêle point avec les autres peuples ; peu d'hommes s'éloignent de la chaumière de leurs pères ; les propriétés ne s'y divisent point : on vit en commun sous un gouvernement patriarchal. Quelquefois cent individus ont des droits sur le même champ ; ainsi vivoient les Celtes, les Bretons. Cette manière d'être s'est conservée dans les îles multipliées qui bordent l'Ecosse et l'Irlande. Les noms des diverses propriétés sont encore ce qu'ils étoient par-tout dans les tems les plus reculés ; elles les recevoient de leur position sur la montagne ou dans la plaine, du rocher qu'elles renfermoient, du grand chêne qui les ombrageoit. du ruisseau qui les traversoit : ainsi dans la commune dont je vous parle.

Plougasnou signifie peuple du val ou d'en bas; Guimec, peuple d'en haut ; Plouezoch, peuple plus haut ; Ploejean ou Ploujchan, peuple le plus haut:

Les mœurs de ces peuplades sont celles de la nature dans toute sa simplicité. L'imagination les domine; leur langage est figuré, rempli de métaphores et de hardiesse : les amans ne s'y parlent qn'en vers, soit qu'ils improvisent, soit qu'ils répètent des strophes que la tradition leur apprit. Il n'est pas rare de les entendre ou réciter un fait, ou composer une chanson en vers ; nous en eûmes la preuve à notre retour : j'étois accompagné du citoyen Durivage, administrateur éclairé, homme plein d'esprit et de lumière. Nous trouvâmes, sur la route de Lanmeur, un homme des environs de Saint-Jean-du-Doigt, qui, retournant à son village à demi-gris, chantoit son bonheur et sa maîtresse, comme Silène ou les satyres de la suite d'Ariane et de Bacchus. La poésie naquit avant la prose ; elle est l'expression ardente des émotions de terreur, d'étonnement, d'admiration ou d'amour, que l'homme de la nature éprouve avec un sentiment plus vif que l'homme civilisé. C'est près de l'antre des Cyclopes, dans la Sicile ; c'est sur les rochers des Hébrides ; c'est au milieu des orages de la Norvège ; chez les Bardes, les Scaldes et les sauvages qu'il faut chercher les expressions figurées, hardies qui caractérisent la poésie. Homère poli par Lycurgue, par Pisistrate ; Virgile, le Tasse et Racine, nous ont donné de grands ouvrages, des chefs-d'œuvres ; mais en les admirant, je suis bien moins ému par

eux que par les chants hardis de Sakes-
péare , des poëtes herses et des pro-
phètes.

A Plougasnou, comme dans presque tous
les villages du Finistère , les filles à marier
se demandent en vers. Un usage singulier
dans les mariages a lieu dans cette commune
et dans les environs : quatre hommes, vêtus
de blanc, portent sur une civière une soupe
aux mariés ; quatre hommes vêtus de la
même couleur portent sur le même instrument des serviettes , et feignent de les
essuyer : le pain qu'on leur présente est
coupé ; les morceaux réunis par un fil qui
les traverse , sont un emblême de l'union
conjugale.

Voici trois chansonnettes du pays.

Canomps amourons tet Janet ,
Canomps amourons tet Jan.
Jan agar Janet ,
Janet agar Jan ;
Mes aboe me Jan demeet de Janet ,
Jan negar mui Janet ,
Na Janet Jan.

Chantons les amours de Jeanne ,
Chantons les amours de Jean.

, Jean aimoit Jeanne ,
Jeannette aimoit Jean ;
Mais depuis que Jean est l'époux de Jeanne,
Jean n'aime plus Jeanne
Ni Janette Jean.

Je cite cette chanson épigrammatique et fine pour sa précision ; la seconde est dans le genre espagnol. Lopez de Véga, dans une des siennes , a précisément la même idée et les mêmes comparaisons.

Premier couplet.

J'aime une jeune fille infiniment jolie ; que n'ai-je le tems d'aller la voir ! j'ai le projet de lui conter mes maux , et d'exiger qu'elle les adoucisse.

Deuxième couplet.

Qu'elle est jolie, celle que j'aime ! Quand le monde seroit surchargé de papier , toutes les mers d'enere ; quand j'aurois les plumes de tous les oiseaux , je ne pourrois décrire et ses perfections et les sentimens qu'elle inspire.

Autre dialogue.

Bon jour , bon jour , ma chère Alliette ;

que de tems s'est écoulé depuis le jour où je
te vis pour la dernière fois !

ALLIETTE.

Je n'ai plus la moindre preuve de ton
existence. Hier je respirai près d'un jardin
qui t'appartient , l'odeur des roses , des
œillets , et depuis le printems , pas un bouquet n'a paré mon corset.

L'AMANT.

A quoi me servent les présens que je te
fais ? Ce ruban d'argent , cette bague
jaune , qu'ont-ils produit ? M'accordas-
tu la moindre faveur ? et voilà cependant
la sixième paire de sabots que j'use à ta pour-
suite.

ALLIETTE.

Ah ! ah ! ce sont des faveurs que tu
desires. Mon ami , trois chemins sablés
conduisent à ma demeure ; prends le premier , le second ou celui-ci , et n'uses plus
dorénavant tes sabots à les parcourir.

La simplicité , la tournure naïve de cette
chanson prouve son originalité. Mathana-

sius pourroit, dans un long commentaire , en vanter la perfection. Je laisse à mon lecteur le soin de la décomposer, en l'engageant à ne pas précipiter son jugement sur la poésie des Bretons. Chaque canton m'a fourni des morceaux variés, dont il faut examiner l'ensemble avant d'arrêter son opinion : on y verra des contes ingénieux , des idées fines , délicates. Les grands morceaux de l'antiquité se sont perdus à la chûte des Bardes : quelques recherches que j'aie faites , je n'ai pu trouver dans la mémoire ou dans les manuscrits des tems passés, ces chants majestueux qui conduisoient nos pères à la victoire, ces hymnes sublimes, chantés au milieu des combats , sur l'Océan , sur les rivages de la mer , entonnés par un peuple invincible , et dont l'effet étoit semblable à celui du tonnerre ou des mers en fureur , au rapport des écrivains grecs et romains. La poésie a dû s'anéantir dans la Bretagne , par les prêtres qui vouloient détruire les traces de la sublime religion des Druides; par des nobles, qui faisoient profession d'ignorance ; par la stupidité , suite de l'esclavage qui régnoit sur le tiers-état. Elle se ranima du tems des troubadours.

Pierre Mauclerc , comte dè Bretagne , et d'autres chevaliers firent des chansons , des syrventes et des tensons ; mais l'amour fut alors la base de leurs chants ; la grande poésie n'exista pas à cette époque. Tout peut renaître avec la liberté. Le peuple de la Bretagne est fin, ingénieux et fort de caractère; si vous rapprochez son costume , ses formes, son attitude , de ceux des peuples de la France , il paroîtra barbare , extravagant, grossier ; étudiez-le avec attention , vous reviendrez de ces fausses idées. Le breton est extérieurement un sauvage, si vous le comparez au français façonné par l'imitation ; mais le français de la nature est inférieur au breton. C'est à la langue de ce dernier, à sa position sur les côtes , qu'on attribue cet avantage : les anciens prétendoient que les riverains de la mer sont plus ingénieux que les peuples méditerranéens. Les bretons sont convaincus de la supériorité de leur langue sur les langues de l'univers ; je n'ai pas vu qu'un excès d'amour-propre déterminât ces résultats ; il n'est point d'homme plus modeste et qui convienne plus volontiers des avantages des autres peuples. C'est depuis la réunion de

la Bretagne à la France , que tout dégénéra
dans la Bretagne. Il seroit aisé de démontrer , par des monumens et des preuves ir-
réfutables , que les arts , sous les anciens
ducs , marchoient au moins de pair avec
ceux de la France et du reste de l'Europe.

Je pourrois placer ici quelques observations sur la langue bretonne , dont on parle
avec tant de prétention, tant d'ignorance et
de dédain ; elle est jugée par des enthou-
siastes qui la savent , et des êtres qui n'en
ont pas la moindre idée. J'ai vu traiter
avec légèreté Lebrigand , par des hommes
d'une futilité , d'une platitude , d'un vide
inimaginable. Je fais profession d'admirer
l'inconcevable mémoire , l'imagination ,
les connoissances de ce grammairien célèbre , ses manières , ses souliers grossiers ,
ses vêtemens qui contrastoient avec l'élégance de nos habits et le luxe de nos ap-
partemens. Quelques exagérations, quelques rapports forcés furent les torts de ce
galant homme , qui d'ailleurs ne faisoit
que répéter ce que Bochart , Cluverius ,
Robert Etienne , Forcatulus , Sébastien
Rouillard ; ce que les hommes les plus savans avoient avant lui démontré : il mar-

quoit dans nos cercles brillans, comme un Lacédémonien à la cour de Perse, comme le Scythe Anacarsis dans les assemblées de l'Attique. Il est certain que la langue de la Bretagne est la langue des anciens Celtes : il est démontré que les Celtes ont étendu partout leurs courses, leurs conquêtes dans les tems les plus réculés, puisque les auteurs les plus anciens n'en parlent qu'avec l'épithète de vieux ; que la langue des îles et des terres du nord de l'Irlande, de l'Ecosse, de l'Angleterre et de la vaste Germanie ; que la langue des Scythes qui peuplèrent une partie du monde, fut la celtique dans les tems reculés.

Si ces assertions avoient besoin de preuves, j'alléguerois des milliers de passages tirés des écrivains grecs et romains. Il me suffit de rappeler à mes lecteurs que toutes les terres situées entre la Loire et la Seine formoient l'antique patrie des Celtes ; que les Romains, dans le peu de tems qu'ils possédèrent la Bretagne, n'en purent changer la langue originelle ; qu'à supposer, ce qui n'est pas, que les Bretons insulaires, chassés de leur pays, eussent introduit leur langue dans l'Armorique, le prétendu changement qu'ils avoient opéré n'eût pu porter que sur quelques terminaisons de localités , puisque la celtique étoit la langue primitive des deux pays. L'histoire, depuis cette dernière époque, ne cite aucune conquête , aucun évènement qui puisse avoir altéré le langage conservé dans les montagnes , dans les gorges impratiquées , dans les rochers sauvages du pays dont je vous entretiens.

Leclech de Plougasnou , cet être singulier dont je vous parlois il y a quelques momens, est un des Bretons qui connoissent le mieux la langue de son pays : il en a , pendant 22 ans , fait une étude suivie avec acharnement , si je puis employer cette expression. Son repas frugal ne lui donnoit qu'un moment de distraction ; il travailloit sans livres , sans secours, et trouvoit, à force de tension d'esprit , ce que le moindre commentateur, ce qu'un simple dictionnaire eût pu lui faire connoître : quelques volumes lui furent cependant prêtés par des amis, à des époques séparées qu'il cite. Sa santé ne put résister à ses travaux , et par ordre des médecins , il fut forcé d'abandonner l'étude. Faut-il qu'un excès de misère comprime les plus beaux génies , et que des ressources immenses soient à la disposition d'hommes stupides ?

Il existe dans la Bretagne un individu qui, sans les secours d'une grande bibliothèque, à force d'étude, a deviné tout ce que le savant de Londres, de Vienne, de Paris et de Rome apprend facilement dans les immenses collections qui se trouvent dans ces capitales. Qu'eût-il été, cet être extraordinaire, s'il n'avoit pas été forcé de chercher dans trois cents volumes, ce qu'il eût aisément trouvé dans un recueil de quelques pages.

Voici sur quels singuliers fondemens Leclech a bâti son système. L'être le plus incrédule ne pourra nier que celui qui l'établit avoit une imagination originale, une persévérance, une patience capable de le conduire aux plus grands résultats , s'il eût suivi la carrière des mathématiques, ou de quelques siences exactes.

Il suppose cinq mots primitifs, ce sont les cinq voyelles. Ces mots, A, E, I, O, U, n'expriment que des attributs convenables à la grandeur, à la beauté, à la

sublimité de l'être suprême. Ces seules ex-
clamations échappoient au premier homme
entouré des merveilles de la création, op-
pressé par les jouissances que lui causoient
la présence de Dieu, de la terre et des ondes.
Les anges, dans les cieux, n'ont pas d'autre
langage.

Chassé du paradis terrestre, Adam fut
obligé de travailler pour obtenir des alimens, les vêtemens dont la pudeur et les
saisons le forcèrent d'adopter l'usage. Ce
genre de vie lui fit créer de nouveaux mots;
il imagina les consonnes , il les unit à ses
mots primitifs, qui furent dégradés modi-
fiés par ce mélange; comme l'état de pureté
du premier homme, l'avoit été par le péché.

Leclech convaincu que certaines consonnes ont une affinité forcée avec quelques voyelles, a combiné ces sons, de manière à n'avoir besoin que de vingt-quatre
lettres ou mots, pour rendre toutes les
idées.

Le langage se propageant de père en
fils, a pu changer dans les divers climats,
par le mélange des peuples séparés de la famille primitive ; mais il soutient que les
mots primitifs ont conservé leur première

acception dans la composition diverse que le hasard ou de nouveaux besoins ont pu déterminer sur la surface de la terre.

Ainsi le mot Théos, le mot Deus, le mot Alla, Doué dans quatre langues différentes, en les analisant par sa méthode, offrent les mêmes idées élémentaires, et produisent le même sens. Observez qu'il est nécessaire de joindre à la consonne dont on cherche le sens, la voyelle sans laquelle elle n'a point de son.

Ainsi,

	C'est :	C'est :
Théos s'écrit — Te, ah, e, o, es	Hauteur, Infini, Incompréhensibilité, Existence.	L'existence haute, infinie, incompréhensible.
Dieu s'écrit : — De, i, e, u	Immensité, Infinité, Abîme de vérité.	L'infini, l'immensité, l'abîme de vérité.
Deus s'écrit : — De, u, es	Infini, Abîme de vérité, Existence.	Une existence infinie, un abîme de vérité.
Doué s'écrit : — De, o, u, e	Incompréhensibilité, Abîme de vérité, Infini.	Un abîme infini, incompréhensible de vérité.

Vous voyez que le nom de Dieu chez les Latins, les Grecs, les François, les Bretons, donnent le même résultat : des expressions vagues qui désignent l'être infini, l'être incompréhensible, sur lequel l'homme ne peut avoir une définition plus précise.

		C'est :	*C'est :*
Alla s'écrit:	A	Existence,	L'existence du ciel par excellence, l'existence de l'existence.
	el	Ciel,	
	el	Ciel,	
	a	Existence.	

Le mot soleil donne les mêmes rapports ; ils sont sublimes ; quelquefois ils présentent des définitions si grandes , si précises que les auteurs les plus subtils n'en ont pas encore donné d'aussi justes.

		C'est :	*C'est :*
Helios en grec,	Es	Ange,	Le grand foyer de l'ange de lumière.
	el	Lumière,	
	i	Grande,	
	o	Existence.	
	es		
Soleil en français,	Es	Grand,	Le grand ange de la lumière du ciel.
	o	Ange,	
	el	Infini,	
	e	Lumière,	
	i	Ciel.	
	el		
Sol en latin,	Es	Grand,	Le grand ange, ou c'est le grand du ciel.
	o	Ange,	
	el	Ciel.	

Es

		C'est :	C'est :
Sun en anglais	Es, u, en	Grand, Ame ou Ciel.	La grande ame, ou c'est le grand du ciel.
Luna en latin,	El, u, eu, a	Second, Clarté, Ciel, Existence.	La seconde clarté, ou la seconde existence du ciel.
Diana en latin,	De, le, a, eu, ex	Lumière, Majesté, Existence, Ciel, Existence,	La majestueuse existence, lumineuse du ciel.
Luna en français,	El, u, eu, e	Seconde, Clarté, Ciel, Lumière.	La seconde lumière du ciel.
	El, o, a, er	Second, Rond, Existence, Ciel,	La seconde existence ronde du ciel.
Moon en allemand,	Em, o, en	Grand, Ciel,	Grand du ciel, sous - entendu ange ou lum.
Ame,	Cé, em, e	Existence, Moi, Puissance.	L'existence et la puissance de moi; ce par quoi je suis.
Mor, Mer,	Em, o, er	Profondeur. Long. Ennuyeux.	Un abîme de longueur et de profondeur.

D'après ces exemples que je multiplie-
rois à l'infini ; d'après l'accord des hommes
éclairés qui conviennent que les langues

primitives sont monosyllabiques, un bon chrétien ne pourroit réfuter l'opinion de Lecleck, de Plougasnou. Suivant les Hébreux, la langue d'Adam se répandit sur toute la terre : toutes les langues ont donc pour racines les mots créés par le premier homme. La différence des langages n'existe point dans les racines, qui ne pouvoient varier, mais dans quelques terminaisons, quelques altérations, occasionnées par les tems et le hasard : il ne s'agissoit que de trouver ces premières racines ; c'est ce que le citoyen Lecleck croit avoir fait.

Il pourroit s'appuyer des sentimens d'un homme que tous les savans reconnoissent pour leur maître, du fameux Bochart, qui, dans la préface de ses OEuvres, dit positivement qu'Adam nomma les animaux d'après l'inspiration de Dieu, et que le nom qu'il leur donna porte avec lui sa signification précise. Les Talmudistes (*in sanhedrin*) disent que le lion avoit alors quatre noms ; *avi cùm planè adolevit, sachal in mediâ aetate, labi jam inclinante, lajis cùm decrepitus est.*

La dissertation pourroit s'étendre. J'ai quitté le district de Morlaix : j'erre depuis quelques momens dans le pays des chimères et des conjectures ; et je reviens à mon sujet.

Il existe encore dans les environs de Plougasnou un genre de divination ; des sorciers interprètent les mouvemens de la mer, des flots mourans sur les rivages, et vous prédisent l'avenir.

Quelques hommes de ces contrées se mettent à genoux dès qu'ils découvrent l'étoile de Vénus.

On plaçoit quatre pièces de six liards sur l'autel, on les pulvérisoit après la messe : cette poussière, avalée dans un verre de vin, de cidre ou d'eau-de-vie, rendoit invincible à la lutte, à la course.

On dit avec orgueil à Plougasnou : *Me zo deuzar Armoriq* ; je suis de l'Armorique. Pour indiquer un homme courageux et fort, ils disent en proverbe : *Got callet densan Armoriq* ; c'est un homme dur de l'Armorique.

Les enfans conservent encore, dans les échanges de leurs petites propriétés, un usage très-ancien. On confirmoit la cession qu'on venoit de faire, en soufflant au vent un cheveu. Ainsi se terminoient sans signature et sans notaire les marchés des premiers âges. Le cheveu étoit l'emblême de la propriété ; on y renonçoit en le jetant : c'étoit déclarer par un acte matériel qu'on ne reviendroit pas sur l'accord arrêté, puisqu'il seroit impossible aux contractans de rendre le cheveu que le vent avoit emporté. De ces cheveux, dans les tems plus modernes, ont été trouvés sous des sceaux : ils tenoient lieu de signature.

La soule étoit jadis un jeu ccommun dans ces contrées : on la nommoit *mallader* (de mélanger). On le pratique encore dans quelques contrées de la Bretagne : le seigneur ou notable d'un village, jetoit au milieu de la foule un balon plein de son, que les hommes de différens cantons essayoient de s'arracher. Celui qui parvenoit à le cacher, à le dérober aux poursuites des assaillans, jusqu'au moment du coucher du soleil, gâgnoit le prix fourni par la générosité de celui qui proposoit, qui donnoit au public cette fête dangereuse. On a vu quelquefois des hommes suivre la soule dans la mer, et se noyer en la cherchant. J'ai vu dans mon enfance un homme se casser la jambe, en sautant par un soupirail dans une cave pour la saisir : ces jeux entretenoient les forces, le courage ; mais, je le répète, ils étoient dangereux.

Les contes, amusemens de leurs longues veillées, s'y nomment *noz veziou*. Les fileuses laissent passer leurs fuseaux par des trous pratiqués au plancher ; si le fil se casse, les amoureux, placés dans la salle basse, rapportent le fuseau, obtiennent un doux baiser, et content une histoire. Rien n'égale la mal-adresse des jeunes filles de ce canton : on n'y voit pas d'écheveaux sans reprises.

L'histoire de Plougasnou n'offre pas de grands détails. En 1593, les Espagnols s'emparèrent du château de Primel, et l'occupèrent 17 mois. En 1522, les Anglais firent une descente dans le même endroit, et pillèrent les côtes voisines.

Il y avoit plus de 200 maisons nobles dans les environs de Plougasnou, mais si pauvres, que la misère les a détruites : les survivans sont confondus avec les laboureurs et les mandians du pays.

Le reste des communes du district de Morlaix n'offre aucun objet intéressant.

N 3

CARHAIX.

La route de Morlaix à Carhaix est longue, ennuyeuse et fatigante ; elle est pavée de rochers aigus, que le vent et l'orage ont découverts. Rien de plus sec, de plus aride ; c'est un désert plus triste que ceux de l'Afrique et de l'Arabie : il n'offre à l'œil aucun paysage, aucun aspect, sur lequel il puisse s'arrêter. Le botaniste y chercheroit en vain des plantes ; le naturaliste n'y verroit qu'une espèce de gros granit, sans la moindre variété ; l'homme altéré n'y trouveroit pas un ruisseau. Malheur au voyageur dont l'essieu se briseroit dans cette affreuse solitude !

Le rocher d'Armegny m'arrêta pourtant un moment : il forme un îlot assez considérable, entre des bois, des prairies et le grand chemin ; ses aiguilles sont dépouillées et bizarrement découpées. Qui ne peut voir ce rocher pittoresque, peut en prendre une idée, en quittant le lac de Brienne, sur la route de Meringen (1). Pardonnez ces rap-

______

(1) J'imite ici l'homme qui traduiroit Télémaque en hébreu, pour la commodité de ceux qui ne savent pas le français.

prochemens à l'habitude que j'ai de voyager, de comparer : si je me prescrivois plus de sévérité, mon récit n'auroit pas le naturel, et mon esprit la liberté qui doivent régner dans cet ouvrage.

Carhaix est le chef-lieu d'un district ; son plus grand diamètre, de Bollazec à Coraga, est de 15 à 16 lieues : il y a 13 lieues de Motreff à la Feuillée.

Il se divise en 8 cantons, 26 communes : sa population est de 34,061 individus.

Carhaix, Keraës, ou Ker-Ahès, est un des points sur lesquels l'érudition bretonne s'est le plus essayée. On a prétendu qu'elle tenoit son nom de la princesse Ahès, fille de Conan Mériadec, ou du roi Gralon : elle la fit bâtir, l'enrichit de deux beaux chemins ; l'un d'eux menoit à Brest, l'autre conduisoit à Nantes. On en voit encore des fragmens, nommés en langue du pays, *hent Ahès*, chemin d'Ahès. Le citoyen Corret, a fait imprimer une brochure, dans laquelle il prétend que cette ville est le chef-lieu des Ossismiens : c'étoit, à son avis, le *Vorganium* ou *Vorgium* de Strabon, de Ptolémée, de Pitheas, de Pomponius Me-

N 4

la , etc. ; malgré l'opinion de Cluvérius et d'Argentré.

On a pris Keraès pour le Keris des anciens, pour la ville d'Is. Aétius, gouverneur des Gaules, général de Valentinien III, en est le fondateur, suivant le citoyen Corret, dont les recherches sont si précieuses, et sur les ouvrages duquel je pourrois ici m'étendre, si je ne connoissois son extrême modestie. Il mérite des savans et des littérateurs la profonde estime, que son intrépidité, que ses connoissances militaires lui méritèrent en Espagne, de tous les grenadiers qui le suivoient, et qu'il guida toujours à la victoire.

Il n'est aucune recherche que je n'aie faite pour voir les bronzes antiques, les médailles, les débris de colonnes, et les compartimens en marbre dont on parle à Carhaix, hélas ! sans réussite ; et je l'ai déjà dit dans le catalogue que j'ai donné des monumens du Finistère. L'acqueduc de Carhaix, dont on prête la construction aux Romains, est certainement un ouvrage gaulois, mais très-ancien.

Le chanoine Deric, dans son histoire ecclésiastique de Bretagne, fait venir Car-

haix de *Kerc-heic*, qui, selon lui, veut
dire perdrix.

On peut permettre aux écrivains des jeux
d'esprit et d'érudition ; ils ne donnent pas
la vérité, ils l'obscurcissent quelquefois ;
mais parcourant des routes inconnues, ils
font souvent d'utiles découvertes : qu'im-
porte le bavardage de Cluvérius, s'il indique
précisément le lieu qu'on cherchoit à connoître ? Je pardonne à Bochart les longs
voyages de son Hercule : des usages, des
faits qui m'étoient inconnus, viennent enrichir ma mémoire. Un traité sur la chaus-
sure des Juifs est le meilleur recueil que
j'aie trouvé sur les coutumes des peuples
anciens. Notre ignorance générale vient du
mépris que de futiles écrivains ont inspiré
pour les commentateurs : la vérité se trouve
dans leurs épais volumes; mais on les traite
comme les provinciaux du tems passé, dont
l'accent, la tournure et l'habit mal coupé,
faisoient rejeter le placet, ou dédaigner les
longs services.

Albert-le-Grand dit qu'en 878 les Normands, joints aux Danois, ruinèrent Carhaix

En 1197, Richard, 2.e roi d'Angleterre,

fut défait par les barons de la Bretagne, près de cette ville, place forte à cette époque.

En 1341, elle se rendit au comte de Montfort. Charles de Blois la prit en 1342; il en rétablit les fortifications. Le comte de Northamplon, chef des Anglais, du parti de Montfort, s'en empara l'an 1345. Reprise par les Français; les Anglais s'en rendirent maîtres une seconde fois, après la fameuse journée de la Roche-Derien en 1347.

On devoit ambitionner la position de cette ville, placée sur une montagne élevée, dont l'accès est facile à défendre : elle est le centre du Finistère, d'une partie des terres de Vannes et de Saint-Brieux, de ce qu'on nommoit la Basse-Bretagne. Le duc d'Aiguillon la jugea propre à recevoir le camp d'observation qu'il vouloit établir à l'extrémité de la France; il fit ouvrir ou perfectionner les six grandes routes qui s'y rendent; elles conduisent à Brest, à Quimper, à Châteaulin, à Vannes, à Saint-Brieux, à Morlaix. Ces chemins sont ferrés, et peuvent aisément porter une très-forte artillerie.

Bertrand Duguesclin se rendit possesseur de Carhaix en 1363; elle résista six semaines aux efforts de ce redoutable preneur de ville.

Du tems de la ligue, en 1590, un parti de royalistes commandés par le capitaine Duliscoet, surprit cette cité deux heures avant le jour.

Ce fut à cette époque que les pays bretons résolurent d'exterminer toute la noblesse de leur pays : le courage de Duliscoet leur en imposa.

Carhaix ne put résister à la fureur de Guy-de-Fontenelle. En 1592 , aidé des troupes espagnoles, qui marchoient sous les ordres du duc de Mercœur, Duliscoet s'en resaisit deux ans après.

Tels sont les principaux faits réunis par les historiens sur cette commune.

Elle est située par les 5 degrés 53 minutes 45 secondes de longitude, et par les 48 degrés 15 minutes 48 secondes de latitude.

La paroisse sous l'invocation de Saint-Pierre et la Collégiale, fondation ducale , sont très-anciennes. On assure que leur érection remonte au sixième siècle. La pierre de ses clochers est d'un granit très-fin , tiré d'une carrière nommée Mèné-Pen-pen, entre Gourin et le Faouet.

La communauté des Augustins , établie à Carhaix en 1416, par Claude de Lannion , seigneur de Quélen , offroit un monument vanté *et d'un travail exquis*, dit-on ; il est tellement brisé , qu'on n'en apperçoit plus que la masse informe : on a fait disparoître jusqu'à la moindre trace du cizeau qui l'exécuta : cette tombe étoit de Kersanton.

L'Hôpital général fut fondé en 1478 ,

Les Ursulines en 1442 ,

Les Carmes en 1658 ,

Les Hospitalières en 1663.

Carhaix est de forme ovale. Du principal clocher de cette ville , on jouit d'assez grands aspects , peu pittoresques cependant ; les montagnes d'Arès en terminent tous les lointains : la commune est un amas de maisons mal bâties , coupées de jardinets mal entretenus : quelques clochers , la superbe place du grand marché , la jolie promenade du Champ-de-Mars , reposent agréablement la vue , qui , s'écartant insensiblement , trouve au nord-ouest la route de Guingamp. Elle passe au milieu de champs bien cultivés , mais nus : un premier ceintre de collines , assez boisé pour plaire à l'œil , pas assez pour l'utilité du pays, fixe un instant vos regards ; ils devinent ensuite une plaine immense du district de Rosternen, et ne sont arrêtés que par les montagnes Noires.

Motret et Saint-Hernin s'élèvent sur un riche côteau : les bois de Kerampuil et de Prevasi, dans la commune de Carhaix, s'étendent agréablement sur des collines. On voit Calac sur la route de Guingamp : cet aspect a 8 lieues d'étendue.

Au midi, vous trouvez la route de Gourin-la-Montagne et la forêt de Conyeau, quatre chaînes de monticules qui se dominent, sur lesquelles sont placées les belles communes de Saint-Hernin, de Speret et Saint-Houazec : ce point de vue, richement boisé, est couronné par les montagnes Noires.

Le sud-ouest est bien cultivé ; Cleden, Landeleau, Kglot, Château-Neuf, Coloric, embellissent cette partie du district que termine la forêt de Laz.

Au nord, on apperçoit la route de Morlaix, les contours de l'Aulne au milieu de belles prairies ; la vieille ville de Carhaix, composée de tanneries; la Feuillée, au pied des montagnes d'Arès ; les bois de Gouar-

mon dans Plounevezet , la forêt de Fréau ,
le bois de Squiriou, le clocher de Poulaouen,
le Huelgoat et les rochers des montagnes
d'Arès , secs , dépouillés et pittoresques.

La jolie promenade , nommée le Champ-
de-Mars , ou de la Raison , est plantée d'arbres bien alignés , qui laissent appercevoir
un assez riche point de vue.

A quelques portées de fusil de la ville ,
est le fameux souterrain , sur lequel ,
on a fait des milliers de contes ; c'est
la demeure des démons ; c'étoit une retraite où les hommes se retiroient à l'approche de l'ennemi. Ceux qui prétendent
l'avoir examiné jadis , ou raconter ce qu'ils
tiennent de leur père , déclarent qu'on y
voyoit de grandes portes de fer ; qu'il conduisoit hors des murs. Ces murs cernoient
alors un espace immense : les savans y reconnoissent le travail des Romains. C'est un
aqueduc qui conduisoit l'eau d'un champ
voisin jusqu'à la ville, fait par les Gaulois,
d'une maçonnerie indestructible , comme
celle de nos vieux châteaux de la tour
Magne , de la tour de Calais , de celle de
Douvres , etc. La partie de cet aqueduc que
j'ai vue, n'a que 2 pieds et demi de large ; il

s'évase peut-être en s'approchant de la commune.

Quelles rues ! quelle mal-propreté ! La grande rue est entièrement pavée de quartz : cette pierre indestructible, dont les plus lourdes voitures ne peuvent briser les pointes anguleuses, dégarnies de sable, de la terre qui les environnoit, fatiguent le piéton, estropient les animaux. Beaucoup de maisons enfumées, au-dessous du sol de la rue, recevant ses écoulemens ; une multitude de chaumières abattues, abandonnées ; la pauvreté, la nonchalance et la mal-propreté d'une partie des habitans, en rendroient le séjour inhabitable, sans l'élévation sur laquelle cette ville est placée, sans les vents violens qui balayent et purifient l'atmosphère. Le caractère général des habitans de cette commune est froid, indifférent : l'eau-de-vie seule les agite. Placés pour faire un commerce étendu, au milieu de routes superbes, elles sont désertes, infréquentées : les jardins n'y sont pas cultivés ; on n'y mange, pour ainsi dire, ni fruit ni légumes. La chasse les occupoit avant la révolution ; leurs perdrix célèbres couvroient nos tables à Paris : ce motif de

mouvement n'existe plus, faute de poudre ;
et les habitans de Carhaix retombent dans
l'apathie des Espagnols et des sauvages.

Accoutumés aux privations, ils ont peu
de peine à se procurer le strict nécessaire :
le reste de leur tems est employé par les
haines, les divisions, la calomnie ; ils se
dénigrent, se déchirent ; sous Robespierre,
ils s'égorgeoient.

Le bois manque à présent dans les environs de la ville ; les pierres pour bâtir sont
très-rares : le granit, employé dans les différens bâtimens, vient des environs de
Gourin.

Ce qu'ici l'on nomme moëlon, est une
espèce d'ardoisine compacte, colorée par
quelques filtrations ferrugineuses.

Le tuffeau, que l'air décompose, rend
l'extérieur des maisons pareil à ces ouvrages
vermiculés, dont les architectes ornent
quelquefois leurs fontaines : il est très-rare.
On le trouvoit aussi dans les environs de
Gourin.

Les quartz, très-communs dans les pavés,
se trouvoient par gros blocs épars dans les
campagnes de Calac, de Sérignac et de
Guerlesquin : ils ont presque disparu.

On

On voit ici de larges tables d'ardoises ; elles servoient de pierres tombales : on les tiroit des montagnes d'Arès.

Le citoyen Pourcelet-Treveret avoit rassemblé des morceaux précieux de la mine de Poulaouen et de celle du Huelgoat. Ce qu'il y avoit de plus curieux dans sa collection, étoit une prime d'améthyste, à cristaux prononcés et colorés, mêlés, confondus avec des quartz cristallisés : elle fut trouvée sur le grand chemin de Pontrieux. Cette pièce a 5 pouces de long sur 2 et demi de hauteur.

Un joli morceau de schorl de Château-Laudrin, où se trouve une mine de plomb, qu'on n'exploite plus.

Du fer spatique, mêlé de cristal de roche ; des pyrites de Château-Laudrin.

Des plombs gris, blancs, rouges, de Poulaouen et du Huelgoat.

Un beau morceau de plomb coloré, couvert de pyrites sulfureuses.

Des galènes de toute espèce.

Des cailloux roulés à bandes de quartz très-régulières.

Des plombs blancs stalactites, formés par décomposition ou colorés par différentes dissolutions de terres cuivreuses, vitrioliques et cristallisées.

Un superbe morceau en forme de grotte, à pointes d'aiguilles, dont l'intérieur contient du plomb blanc stalactite, sur du minéral en décomposition, recouvert d'une dissolution de terre cuivreuse et cristallisée : pièce très-précieuse.

Du plomb minéral coloré, couvert de pyrites sulfureuses.....

Toutes les rues de Carhaix sont à réparer. Les maisons en général mal distribuées, sont presque toutes couvertes d'ardoises. Ces ardoises se tirent de trois ou quatre carrières du district : la principale est celle de Gouaranvès.

Le chauffage, dans ce pays couvert de bois, est à présent fort cher : les mines ont tout consommé, ou disposent de toutes les coupes.

On ne trouve ni médecin ni apothicaire dans cette commune. Les ressources de l'éducation y sont nulles, les arts abandonnés.

L'hôpital militaire se procure avec une peine infinie les objets les plus nécessaires. L'hospice de Charité, doté jadis, entretenoit quelques incurables : on a supprimé ses revenus ; une vingtaine d'infortunés y languissent dans un état déplorable.

Ni pompe ni fontaine à Carhaix ; on va chercher de l'eau dans la commune de Plouguer : cette eau n'est point couverte. Malgré les réparations qu'on vient de faire pour l'entretien de sa source, elle se gâte par des filtrations mal saines. On y lave : elle incommode. Il seroit possible de conduire dans la ville l'eau de Saint-Antoine, fontaine qui n'en est éloignée que d'un quart de lieue.

Les halles y sont en bon état, les marchés bien tenus : trois grandes foires dans l'année. Les Normands s'y rendoient en foule ; ils y portoient des draps de Rouen, de Caen, de Falaise, et beaucoup de quincaillerie. On y trouvoit une prodigieuse quantité de bestiaux, de la cire, des fils, des pelletries, des boutiques d'orfèvrerie ; tout ce qui peut servir aux usages domestiques des habitans des villes et de ceux des campagnes.

Les soldats n'y sont point casernés.

On ne peut avoir une maison aussi peu commode, en aussi mauvais état, que celle de la municipalité : la salle d'audience est commune au tribunal et aux officiers municipaux.

Les mendians sont en grand nombre dans Carhaix, dans tout le district, sur-tout dans Scrignac de Plounèves.

Passons aux détails qui peuvent faire connoître ce district en général.

Le climat est sujet aux orages, aux gelées ; le vent de nord-ouest brûle, courbe, déracine tous les arbres. La grêle y tombe fréquemment : il est rare que les bleds et les jeunes plans ne gèlent point au mois de mai ; les chaleurs n'y sont pas excessives ; les froids y sont très-supportables : rien n'égale les variations du ciel et de la température de ce pays. Il produit des seigles, des avoines et du sarrazin, très-peu de froment, point d'orge ni de mil : tous les cantons sont à-peu-près de la même fécondité.

Les pommes de terre, méprisées jadis en Bretagne, sont cultivées avec succès dans quelques cantons : elles commencent à s'introduire dans le district que je décris.

On n'y cultive point de lin ; le chanvre

qu'on y sème suffit à peine aux besoins des cultivateurs.

Il y a quelques cidres dans les communes de Château-Neuf, de Carhaix, de Cleden et de Saint-Hernin : en général, on les tire du Faouet et de la Normandie, par Morlaix et Saint-Brieux.

Point de fruits, point de grands jardins.

Les terres sont mal tenues, chargées de pierres : le tiers du pays est à peine en culture; il y manque des bras, et le fermier se décourage.

Les meilleures terres sont celles dont la principale commune est environnée, celles de Cleden et de Saint-Hernin ; les plus mauvaises sont celles de Huelgoat et de Scrignac : elles sont lourdes, aquatiques dans les fonds, sèches sur les hauteurs. C'est un pays du foin : il est couvert de riches pâturages.

Le climat est tardif; on y craint sur-tout les gelées. Les cultivateurs battent leurs grains avec le fléau ; les fumiers sont formés de landes, de genets, de paille, de bruyères, corrompus dans les marres des chemins de traverses. On ne donne point de sel au bétail.

Le pays est garni de chênes, de hêtres et de frênes ; les ormeaux y sont moins fréquens ; on y trouve quelques sapins ; les châtaigniers sont rares, les cerisiers assez communs. On fait dans le district une grande quantité de lattes qui se transportent à Morlaix, à Saint-Pol-de-Léon, où l'on prend en échange du lin, de la graine de lin, qu'on verse sur Guingamp, sur Pontrieux et sur l'Orient.

Le commerce des bestiaux est le plus considérable du district.

Il fournit de bons chevaux, mais d'une petite espèce. Il y avoit avant la révolution un fort beau haras sur la terre de Kersalaun ; il est détruit, sans qu'on songe à le rétablir.

Les suifs, le miel, les cires, les papiers du pays, se portent à Morlaix.

On élève quelques moutons dans les communes de Spezet, de Berien, de la Feuillée ; peu de chèvres : les porcs y sont en assez grande abondance.

La forêt de Las nourrit une telle quantité de loups, de sangliers, qu'ils désespèrent les cultivateurs : ils sont obligés de veiller la nuit dans les communes, pour éloigner ces animaux. On trouve des dains, des cerfs, des biches, des chevreuils, des blé-reaux, des hermines, des belettes et des renards dans cette forêt : ils n'y sont plus en aussi grand nombre. Les malfaiteurs ont de tout tems choisi cette retraite ; elle les met à l'abri des poursuites de la justice.

Les bécasses, les canards sauvages, sont très-communs dans le district de Carhaix. On y trouve des cailles et des râles de genets, mais rarement : l'épervier, la buse, le corbeau, désolent les campagnes ; les lapins y sont trop multipliés, les lièvres en abondance.

Il y a beaucoup d'étangs dans le district ; le plus considérable est celui du Huelgoat. On en vante les anguilles superbes, très-communes jadis, rares à présent : leur grosseur et leur délicatesse les faisoient re-chercher. Les tanches, les truites de ces étangs, sont de bonne qualité.

Les rivières du district étoient très-poissonneuses ; mais les écoulemens des mines ont détruit les brochets, les sau-mons, les dards, les brêmes et les perches qui les peuploient : ils périssent, com-me les arbres qui paroient les rivages, et qui sont à présent à cinquante pieds sur les deux rives, dépouillés de feuillages et brûlés jusqu'au cœur.

Les écoulemens de ces mines font le désespoir des habitans de la campagne ; leur influence est mortelle : les hommes languissent décolorés, attaqués du plomb, de coliques d'entrailles, sur-tout dans les communes de Locmaria, de Plouié, du Huelgoat. On eût pu remédier à tant de maux peut-être, en pratiquant des canaux d'écoulement : c'est aux ingénieurs à décider si cette opération est exécutable.

L'Aulne et l'Yère sont les principales rivières du district ; elles se réunissent, coulent par Châteaulin, se perdent dans la baie de Brest : beaucoup de petits torrens et de ruisseaux se joignent à ces deux rivières.

Les mœurs dans les campagnes sont à-peu-près celles que j'ai décrites en parlant du district de Morlaix.

L'habitation du cultivateur est plus misérable encore que dans les environs de cette commune ; les yourtes de Kamchatka ne sont pas aussi dégoûtantes.

Le croiroit-on ? A la porte de Rome et de Naples, villes qui ne donnent que des idées

de grandeur et d'opulence, près du fas-
tueux cardinal Albani, à côté de Saint-
Pierre, près du temple de la Sybile, à
Cume, j'ai vu des cahutes plus affreuses et
des hommes plus malheureux. Ce contraste
m'a toujours blessé ; j'espérois qu'une révolution sage diminueroit le luxe des palais,
pour embellir la chaumière du pauvre. Des
méchans ont tout renversé, tout détruit ;
et le mal qu'ils ont fait, loin d'être utile au
malheureux, n'a servi qu'à le pervertir,
à lui donner des vices, des fureurs, qu'à
l'éloigner de la simplicité qui le consoloit de
ses peines. L'équilibre se rétablira peut-
être : je le souhaite avec ardeur. Mais qu'il
est difficile de redonner aux hommes un
frein, des vertus, des talens, quand ils ont
connu la licence, quand ils ont bu dans la
coupe du crime, et se sont enivrés de sang
et de fureurs !

Le cultivateur pauvre, dans le district
de Carhaix, n'a qu'une nourriture grossière ; il mange de gros pain de seigle, des
bouillies de sarrazin, de bled noir.

Le costume des hommes varie dans tous
les cantons du Finistère et de la Bretagne ;
celui des femmes, dans chaque commune.

Les cultivateurs sont eux-mêmes leurs médecins ; le vin, l'eau-de-vie, ont été de tout tems
leurs principaux remèdes. Plus les hommes
sont ignorans et simples, plus ils sont entourés de jongleurs et de charlatans ; les uns
donnent la fièvre, la guérissent en la faisant
passer dans un arbre ; d'autres prédisent
l'avenir, font voir le diable, et lui com-
mandent : quelques-uns lisent votre destinée
dans les arbres ; ceux-ci la voient dans les
signes de la main gauche. Je fus curieux de
consulter un de ces magiciens. A force de
recherches, je découvris un homme qui,
sans études, a pris du goût pour les sciences. Dans un voyage qu'il fit à Brest, en
qualité d'élève salpétrier, il acquit quelques
connoissances en physique. Il pratiquoit
la médecine depuis l'enfance, à l'aide de
quelques recettes conservées dans sa famille, de père en fils : j'eus avec lui plusieurs conversations : je fus aussi content
de son esprit que de sa bonne foi, de sa
raison, de sa philosophie. Le besoin de lumières le tourmentoit ; il se plaignoit sans
cesse de la négligence de ses parens ; il re-
grettoit de n'avoir pas fait d'études. A sa
curiosité, à son impatience ; à sa finesse, à

la tournure originale de son esprit, je con-
jecturai que Julien-le-Mentheour , de la
commune de Plounèves - du - Faou , eût
marqué dans les lettres s'il avoit eu dès l'enfance les moyens qui permettent de les
cultiver.

D'après vos questions , me dit-il , sont-ce
des contes ou des vérités que vous voulez
que je vous donne? Je n'ignore pas les grimaces de mes confrères ; je les pratique rarement , mais il est des fous qu'on ne guérit
qu'avec des singeries : j'ai des recettes
réelles ; que voulez-vous ?

Je désire , lui dis-je , de connoître les
simples que vous employez , la médecine
que vous pratiquez. Chaque pays a sa tradition ; c'est de la réunion de ces traditions
que peuvent naître les lumières.

Je voudrois savoir les pratiques de vos
charlatans pour juger de l'esprit de vos
compatriotes. Vous m'obligerez , en me
parlant d'abord comme médecin ; en second lieu , comme homme instruit des secrets des faux médecins.

J'y consens, me dit-il ; et j'écrivis sous sa
dictée.

Pour le mal que les Bretons nomment *dreïtoures*. (La squinancie.)

Audiviline,	du sénesson.
Garvic,	de la garance.
Aneladan,	du grand plantin.

On pile le tout avec du vieux beurre ; on l'applique à froid sur le cou.

Pour les maux d'yeux. On met de la chelidoine (1) tremper le soir dans de l'eau de fontaine ou de pluie ; on en lave le lendemain la partie malade.

Pour le mal de dents. Appliquez une noix sur la dent malade, aussi chaude qu'on puisse la supporter ; le mal se passe, la dent tombe en morceaux.

Pour l'enflûre. Faites bouillir de la racine de genets dans une chopine d'eau, et donnez-en le jus au malade.

---

(1) Matthiole recommande de n'employer cette plante qu'après en avoir diminué l'âpreté dans du lait de femme. L'opinion commune, du tems de Dioscoride, étoit qu'avec cette herbe l'hirondelle rendoit la vue à ses petits.

Pour les chancres à la bouche. Appliquez le cocléaria.

Pour les vents et les maux de côté. On prend le soir, en se couchant, du cerfeuil anisé, qu'on a fait bouillir dans du lait.

Pour les rétentions d'urine. Employez la reine des prés (*rouanen ar foin*), la grande marguerite. On la fait tremper dans du vin blanc ; une ou deux onces suffisent : pris sans précaution, ce remède fait uriner du sang.

Pour la dissenterie. Mangez une ou deux grappes de sureau.

Pour le mal de jambes. Du charbon, une poignée de sel, une poignée de suie de cheminée : pilez le tout ensemble : on en fait un emplâtre, qu'on applique sur la blessure.

Pour les coupures. On rappe de la deuxième écorce du genet ; on l'applique sur la plaie : on n'a pas besoin de renouveler cet emplâtre.

Pour les meurtrissures. Elles se guérissent en mêlant à de la verveine pilée, une poignée de sel et de blanc d'œuf.

Remèdes pour les bestiaux.

Si l'animal a bu de l'eau après le soleil couché, ou mangé de l'herbe trop humide, on lui compose un breuvage d'une petite poignée de rue, de la même quantité d'armoise, de sabine, de persil royal, d'angélique, soit domestique, soit sauvage ou d'ache, qu'on met à froid dans une chopine de cidre ou de vin.

Pour les maux au pied. Pilez ensemble une égale quantité de verd-de-gris et de salpêtre ; appliquez ce mélange sur la plaie, après l'avoir posé sur un morceau d'étoupe.

Pour les verrues. Appliquez-y du vitriol ou de la coupe-rose : guérissez la plaie qui se forme avec de vieilles feuilles de chêne en poudre.

Pour les chevaux blessés sous la selle. Lavez avec la spurgée sauvage pilée.

Pour les chevaux attaqués du poulmon. Mêlez à une demi-livre de sain-doux une

once de thériaque ; faites bouillir ce mélange dans deux pintes d'eau , et donnez-le
chaud à boire à l'animal malade.

Chevaux piqués par des cloux. Faites
chauffer la grosseur d'un pouce de savon ,
autant de sain-doux , une égale quantité de
résine : mêlez ces drogues : introduisez-en
dans la partie blessée.

Contre les piquûres de serpent. Mêlez dans
du beurre sans sel une petite poignée de
manne romaine , la même quantité de
feuilles de pied d'âne, de la deuxième écorce
de frêne : appliquez le tout sur la plaie.

Tels sont les remèdes que pratique avec
succès Julien le Mentheour dans son district ; il ne faut pas toujours mépriser ces
recettes ; elles sont le résultat de l'expérience. L'homme qui les dédaigne ignore
que la médecine de Bohérave et de Linnée
n'est formée que par un million d'observations, de l'espèce de celles que font les gens
de la campagne. Tous les médecins des districts de Brest et de Landerneau échouoient
contre une épidémie, qu'un paysan vient
de détruire. Les plus hautes maximes de la

morale sont le résultat des proverbes. Qui sait d'ailleurs si ces remèdes transmis de père en fils , en Bretagne , conservés sans mélanges , ne sont pas de tradition druidique? Le sage examine, et l'ignorant tourne la tête.

Je suis frappé de la simplicité de ces remèdes : un médecin peut seul juger de leur valeur.

Je n'avois eu que la partie sensée de la médecine de ces campagnes ; je voulois en connoître les folies.

Pour guérir le mauvais vent, on réunit neuf feuilles de bétoine sans tache , sans que leurs dentelles soient attaquées par des insectes ; neuf grains de sel dans un morceau de toile neuve , et non lavée ; on coud le sachet avec du fil crû : le tout s'applique au cou ; il ne faut pas oublier un signe de croix sur le paquet, et de donner deux liards ou plus au Saint-Esprit. On les dépose , ou dans le tronc de la paroisse, ou dans la main de M. le curé.

Un homme, un animal a-t-il le pied foulé , le médecin met de la poussière dans une boîte : il fait une croix sur la poussière, en disant au nom du Père, du Fils et du Saint-

(225)

Saint-Esprit. *Ante, ante te, super ante te.*
Le malade est guéri, s'il donne quelques
sous à la sainte trinité.

Pour ranimer un cheval fatigué, enfermez-
le trois jours dans l'écurie, et donnez six
sous au curé.

Tels sont les grands moyens dont le Mentheour voulut bien me donner l'histoire.

Les habitans des campagnes de Carhaix
sont très-hospitaliers. Autant les hommes du chef-lieu sont durs, paresseux, pro-
cessifs ; autant les cultivateurs sont bons,
laborieux et prévenans.

Les bourgs et les villages ne sont point
pavés.

L'eau du district en général n'est pas
mauvaise. Les cultivateurs boivent du cidre
tant qu'ils en ont, et sans ménagement : il
faut vider une barrique le jour où l'on vient
de la percer.

La conversation qui règne dans les
chaumières porte sur la culture, sur les
bestiaux : dans les veillées, dans les jeux
de nuits (*féston nos*), on ne parloit
que de lutins, que de démons, que de
revenans. Ces rêveries s'oublient depuis la
révolution, ainsi que les luttes et les danses.

On m'a parlé de ces espiégleries, dont les amours de Gombeau et de Macé nous offrent une peinture si naïve. Dans les promenades nocturnes, des jeunes gens cachés prenoient des filles avec des lacets de gnet. On ne dit pas ce qui se passoit alors au clair de la lune, ou dans l'obscurité des coudrettes, dans les chemins couverts, qu'avec inquiétude, qu'avec une douce palpitation les jeunes filles se plaisoient à parcourir. Ces routes à présent retentissent du bruit des armes ; le sifflement des balles et les cris des mourans remplacent les doux sermens, les soupirs entrecoupés, les douces victoires de l'Amour. Hommes furieux, imbécilles infortunés, qui n'avez qu'un jour à vivre, ne cesserez-vous pas de le souiller de sang, de l'obscurcir d'un épais nuage de crimes et de fureurs (1) ? . . .

J'ai dit que six grandes routes aboutissent au chef-lieu du district ; elles nécessitent des réparations qu'on néglige.

Il est indispensable dans la commune de

____

(1) Les chouans pénétroient quelquefois dans cette partie du Finistère.

Colorec de réparer le pont Morvan, ou plutôt de le refaire en entier. Les marchandises qui viennent de Morlaix ; les denrées que six ou sept communes fournissent aux ouvriers de la mine du Huelgoat ; les voyageurs et les marchands qui se rendent des environs de Châteaulin dans ceux de Carhaix, se servent de ce pont dangereux, où des hommes, pressés par la nécessité, ou conduits par le hasard, se noient trop fréquemment.

Le pont de Kergoat, sur la petite rivière de ce nom, expose aux mêmes accidens ; il sert à la communication de Spezet, de Motref et de Saint-Hernin, avec le chef-lieu.

Le grand chemin de Carhaix au Guerlesquin, est détestable. Trois ingénieurs en commencèrent les réparations en 1783, 87 et 92 ; elles ne sont pas terminées : cette route est nécessaire au grand commerce de bestiaux, entre les districts de Morlaix et celui dont je vous fais la description.

Pont-Argoret sur l'Aulne, le pont de la ville basse sur l'Yère, un autre pont sur la route de Guingamp, un quatrième sur l'Yère, route de Châteaulin, commune de Plouguer, qui facilite l'arrivage des objets qu'on débarque au port Launay ; le pont Trifen, dans la commune de Cleden, qui mène à Châteauneuf-du-Faon, à Châteaulin, près de celui-ci ; un pont dans la commune de Spezet, qui conduit au Faouet, à Gourin, à l'Orient ; le pont de Châteauneuf, qu'on passe en se rendant à Gourin, à Coray, à Scaer, à Quimperlé, très-fréquenté ; celui de Ponpol, dans la commune de Châteauneuf, qu'on traverse sur une échelle, depuis huit ou dix ans ; *Pont - ar - Glaon* (pont de charbon), sur la rivière de Rouanez, sur la route de Châteauneuf à Châteaulin, dans la commune de Plounèves, et tant d'autres, sont tous à réparer, à refaire : ils entretiendroient un commerce très-actif entre les communes du district et les cantons voisins, et donneroient l'existence à des peuplades qui languissent dans la misère.

L'esprit de toutes les communes que je viens de nommer, de toutes celles du district, est à-peu-près le même ; elles ne s'occupent ni des rois, ni des nobles ; elles méprisent les curés assermentés : il n'est point de cultivateur qui ne fît dix lieues à pied la nuit, et dans un tems d'orage, pour joindre un prêtre réfractaire , pour recevoir sa bénédiction , pour lui donner de l'argent , des denrées. Ces prêtres sont cachés dans les forêts , dans le creux des rochers, dans des chaumières écartées, inquiets , poursuivis , errans , mais satisfaits de leur pouvoir , de la vénération qu'ils inspirent , du mal qu'ils font à leur patrie qui voudroit secouer le joug. Ils sont heureux par l'opinion, par l'imagination, inconcevable enchanteresse , qui métamorphose les prisons en palais , la nourriture la plus grossière en ambroisie , et les charbons de Saint-Laurent en lits de lilas et de rose.

Les combats poétiques dont j'ai parlé, que j'ai promis de faire connoître , avoient lieu dans tout ce district.

La nation bretonne est remarquable par sa piété pour les morts. On passe des nuits sur la tombe de ses parens ; on y verse des pleurs ; on fait des libations de lait ; et dans quelques cantons, on ceint de guirlandes de fleurs le lieu des sépultures , planté d'ifs , d'aube-épine et de funèbres peupliers.

Les manufactures sont en petit nombre et peu considérables. On y trouve deux papetries , l'une à Landeleau , l'autre à Saint-

Gouazec ; la première a cessé ses travaux , la seconde les continue.

On fait quelques gros chapeaux à Carhaix : dans la basse ville de cette commune, on compte une douzaine de tanneurs.

Pas un potier dans toute l'étendue du district : la poterie vient de Guingamp , les pipes et les fayances de Quimperlé.

Les tisserans ne fabriquent que de grosses toiles qui ne sortent pas du pays.

Les mines de Poulaouen et du Huelgoat, et les forêts qu'elles emploient , font la richesse du pays.

J'avois le projet de visiter les montagnes d'Arès , dont on parle en Bretagne, comme des Alpes et des Cordilières ; dont les mœurs, les usages offrent , dit-on , des particularités singulières : le 27 vindémiaire, je me rendis à la Feuillée.

La route de Carhaix à cette commune n'offre rien de remarquable. On traverse des champs peu boisés : on voyage entre des collines couvertes de taillis ou de bruyères.

Quatre rouliers occupoient les lits de la seule chambre de l'auberge de la Feuillée. Je fus forcé de passer la nuit sur un de ces

chalis qu'on abandonne aux mendians re-
doutant l'affreuse maladie de ces contrées,
n'ayant pour porte qu'une échelle, couverte d'un gros drap, enfumé par des
tourbes que j'avois eu le malheur de faire
allumer, et que je fus forcé de faire étein-
dre, malgré le froid très-rigoureux que j'é-
prouvois.

Je m'endormis pourtant ; et je me con-
vainquis, pour la centième fois, que l'imagination grossit tous les maux et tous les
plaisirs de la vie.

La Feuillée est située sur une colline ; les
maisons sont de blocs de granit couverts
d'ardoises. Cette commune pauvre, abandonnée, séparée de tout, au milieu d'un
désert, au pied des montagnes d'Arès, contient environ 1400 habitans. Le grand chemin de Carhaix à Landerneau la traverse ;
les terres qui l'environnent sont peu fertiles;
elles ne suffisent pas à la nourriture de leurs
habitans : l'industrie supplée à l'aridité du
sol.

On s'étonnera peut-être d'entendre prononcer le mot d'*industrie*, dans un pays
qu'un ancien préjugé dépeint encore comme
sauvage, comme habité par une espèce de

brute à figure humaine, qu'on nomme loups
des montagnes.

Ce que je dis est vrai pourtant. Dans les
tems reculés peut - être, ces habitans ne
s'alliant qu'entr'eux, vivans dans leurs vallons, sans commerce, sans communication
avec les hommes, méritèrent l'idée défavo-
rable qu'on prit de leurs moyens, de leurs
facultés et de leurs mœurs. Le commerce a
tout changé : je m'attendois à voir les hommes les plus bornés du Finistère ; je leur ai
trouvé de la vivacité, du feu ; plus d'idée,
plus de facilité à s'exprimer en français,
qu'aux paysans de la Bretagne en général.

La vie qu'ils mènent à présent, les courses fréquentes qu'ils font dans les villes,
leurs rapports avec une multitude d'individus étrangers, développent leurs facultés.
Je le répète, ils peuvent soutenir le paral-
lèle avec les hommes les plus rusés, les plus
instruits de la campagne. Dans les tems de
trouble, sous le gouvernement révolution-
naire, ils ont été les colporteurs du pays ; ils
échappoient à toute recherche, à toute in-
quisition.

L'homme le plus pauvre des montagnes
d'Arès, possède un cheval qui le nourrit ; il

porte dans le pays de Léon à Brest, des lattes, des sabots, du charbon, du sel, des châtaignes et des pommes, qu'il se procure à Carhaix, à Langouet, à Châteauneuf, à Roternen, dans les côtes du nord. Ces hommes actifs achètent des grains à Châteauneuf, à Carhaix, à Braspars, qu'ils vendent à Morlaix, à Landivisiau : ils rapportent de ces communes des fromens, qu'ils ne cultivent point, et versent sur Gourin, sur Scaer, ce qu'ils ne peuvent consommer dans leurs villages. Dès la pointe du jour, on les voit à cheval courir aux lieux de leurs spéculations ; ils ne rentrent souvent chez eux qu'après trois, six ou quinze jours de courses et de trafic.

On ne cultive dans ces contrées, que du seigle, du sarrazin, de l'avoine d'été, un grain qu'ils nomment pilat ; espèce d'avoine ou de bled avorté, qu'on ne peut manger qu'en bouillie. Le pilat se sème en germinal, et se coupe à la fin de thermidor. On n'en donne point aux chevaux ; ses extrêmités trop aiguës pourroient s'attacher à leur gosier, et leur causer une toux dangereuse ; ils le refusent et le rejettent. On en cultive, dit-on, mais en petite quantité, dans les environs de Morlaix et de Quimper.

Les habitans des montagnes d'Arès sèment du chanvre, qu'ils emploient sans l'exporter. Ils sont vêtus de toile ou de berlinge, espèce d'étoffe faite avec du fil de chanvre et de la laine : ils en font des gilets, des habits, des culottes, des bas, et portent tous le même vêtement, de la même couleur, d'un brun-jaunâtre. Les femmes se servent de la même étoffe ; elles n'ont de remarquable dans leur habillement, qu'une espèce de queue, plissée d'un empan de largeur, qui tombe aussi bas que leurs jupes. Les riches paysans mettent sous leur habit, ou plutôt sous leur large veste, un gilet de peau de mouton, dont le poil est en dehors, la peau bien souple, bien passée, porte sur leur chemise.

Les crêpes, la bouillie, du pain de seigle, du laitage, et du lard dans les jours de fête, sont la nourriture de ces montagnards.

Les bestiaux sont très-nombreux dans ces cantons ; l'herbe qu'ils paissent sur les hauteurs n'est pas assez substancielle pour qu'on s'exempte de garnir les étables, à midi dans les jours d'été, et le soir dans toutes les saisons.

Les prairies de la commune de la Feuillée donnent un foin maigre, mêlé de joncs. On aime mieux laisser les champs en pâturage, que d'obtenir, avec beaucoup de soins et de dépenses, des récoltes qui ne donnent pas trois pour un.

Les eaux sont bonnes; l'air est fort sain dans ces montagnes : il est commun d'y voir des centenaires. Les hommes y sont d'une taille moyenne, forts, endurcis par leurs fréquens voyages et l'âpreté de leur climat.

On trouve quelques moutons dans ces contrées; ils s'y multiplieroient à l'infini : jamais terrein ne fut plus propre à leur entretien; mais il faudroit les surveiller. Les masses de rochers, leurs antres, des cavernes, offrent aux loups des retraites tranquilles; ils fondent de-là sur les troupeaux, les déchirent, et détruisent le bénéfice que raisonnablement le berger pourroit se promettre.

Sur le point le plus élevé des montagnes d'Arès, à près de deux lieues de la Feuillée, est une chapelle antique, consacrée sans doute au Soleil, dans les tems les plus reculés, comme le rocher de Tombelène, en Normandie, comme le mont Penninus, comme tous les hauts-lieux : c'est à présent saint Michel qu'on y révère. Dans les belles nuits, on le voit quelquefois déployer ses ailes d'or et d'azur, et disparoître dans les airs.

Les jeux de l'imagination, quand ils ont quelque chose de brillant, me séduisent. J'envie l'émotion douce et religieuse de l'être qui, dans les nuages, sur ce mont séparé qui se dessine sur le ciel, croit entrevoir l'ange consolateur qui peut soulager sa misère, protéger ses enfans, conserver un vieux père, et l'arracher des portes de l'enfer ! Je m'émeus ; je verse des larmes, et suis alors tenté de blâmer la raison qui détruisit chez moi l'empire des chimères, et remplaça de doux mensonges, par des systêmes insipides et froids.

En approchant de cette chapelle, la terre se dépouille d'arbres et de buissons, comme au sommet de Saint-Gotard, du mont Cénis, comme aux sommets des hautes Alpes : elle n'est plus couverte que de bruyères et de rochers, brisés par les orages, ou décom-

posés par les tems. Tout prend un caractère sauvage, un air de mort ; c'est l'aspect
d'un vaste désert, dont rien n'égaie ou ne
varie la longue et fatigante uniformité. Les
derniers villages, les derniers champs, forment des îles séparées, entourées de rochers,
d'une espèce de tourbe, d'une terre noirâ-
tre et marécageuse, résultat de bruyères
corrompues, accumulées pendant des siècles. Les femmes, les enfans qui ne voient
personne, qui ne connoissent que les figures
hâlées, et l'habit grossier de leurs pères,
vous regardent avec étonnement, s'en-
fuient, se cachent à votre aspect ; des milliers de chiens vous poursuivent avec
frayeur ; et les troupeaux épouvantés fran-
chissent les fossés, méconnoissant la voix
de leur gardien qui les rappelle.

Tout est d'ardoise dans ce pays ; les maisons en sont couvertes ; les champs en sont
environnés ; les ponts en sont formés ; chaque courtil est fermé de longs et larges
quartiers de cette pierre, ce qui donne aux
villages un aspect extraordinaire : vous
voyagez enfin sur le bord d'un petit ruisseau, sur des pierres brisées, sur des rochers schisteux, sur une espèce de grès,

jusqu'à la sommité que vous voulez at-
teindre.

Là, vous trouvez une chapelle abandonnée : la façade, formée d'assises irré-
gulières, est ornée d'un portique décoré de
deux pilastres d'ordre toscan, et d'une
aussi jolie corniche : un petit dôme couronne l'édifice ; la charpente est détruite ;
l'intérieur est dépouillé, l'autel est renversé. Le bois de cette charpente s'emporte
par petits morceaux ; il préserve du mauvais
vent, des incendies et du tonnerre.

Près de ce petit temple, est un ceintre
de pierre, où le jour de la fête du lieu les
marchands étaloient leurs denrées.

Quoique le mont Saint-Michel ne soit pas
extrêmement élevé, dans un climat très-
orageux, sans cesse battu par les vents, la
nature est peu productive : on n'y trouve
que cinq à six plantes communes.

Un municipal de la Feuillée, que j'avois
prié de m'accompagner, homme peu curieux, ennuyé de mes questions, las de briser des échantillons de pierre, de cueillir des
plantes, s'écartoit sans cesse de moi. Loin
de répondre à mes demandes, de me nommer les principaux objets qui, dans une es-

pace immense et varié, se déployoient sous mes yeux, je le voyois l'œil fixé sur la terre, examinant les touffes de bruyères. En vain je l'appelois , je l'interrogeois ; rien ne pouvoit l'arracher à ses recherches , dont j'ignorois absolument l'objet. Tout - à - coup il m'apporte un lapin , qu'il venoit de saisir par les oreilles ; six minutes ne s'étoient pas écoulées qu'il en prend un second. Si vous aviez moins battu ce pays, me dit-il avec humeur ; sans la manie que vous avez eue de cueillir des plantes et de casser des pierres , vous auriez dix lapins de plus. Ces animaux se réfugient dans cette enceinte ; c'est un asyle respecté : ils vivent sous les ailes de saint Michel, comme les pigeons de la Sicile sous la protection de Vénus.

La chasse du municipal étant terminée , j'obtins de lui quelques réponses ; il me nomma les lieux que je voyois. Les espaces qui se déploient sous vos yeux sont grands , sans avoir l'étendue de ceux que l'Etna , le Vésuve, l'Albis , le Col de Balme , etc. vous présentent.

Vous appercevez d'ici le vaste ceintre formé par les montagnes d'Arès , et les montagnes Noires , qui n'en sont qu'un embranchement : elles terminent à quinze lieues le point de vue de l'est sud-est, coupé de collines peu pittoresques. La tour de Carhaix, celle de Rosternen, se distinguent sur les nuages : l'œil descendant au sud, est arrêté par la forêt de Las ; à l'ouest, le point de vue perd son uniformité, offre plus d'accidens ; dans les beaux jours, on apperçoit la mer et les terres prolongées de la presqu'île de Croson. Les montagnes voisines du mont Saint-Michel bornent la vue du nord : elles présentent à peu de distance, des tapis de bruyères d'un très-beau rouge, des rochers dépouillés ; et dans quelques valons, des langues de terre cultivées, des cabanes, quelques petits bouquets de bois. Rien de sauvage comme le canton de Saint-Ronal.

L'aspect que l'on a de ces montagnes, est un des plus vastes du Finistère ; les masses en sont bien distribuées, les détails variés, les couleurs vives ; une odeur embaumée parfume l'atmosphère. Fatigué du noir des rochers, de l'incertitude des lointains vaporeux, de la ceinture uniforme des montagnes, votre œil s'arrête avec plaisir sur des tapis d'une mousse jaunâtre, sur de

jolis

jolis champs de verdure, qui marquent au milieu des bruyères pourprées, comme les anases de l'Egypte sur les sables qui les entourent. Sous vos pieds, sont des marais très-dangereux, où s'égarent dans la nuit les hommes et leurs chevaux : des voitures et leur équipage, s'y sont engloutis. On disoit, on dit en proverbe, quand un avare a cessé d'être : Le diable l'a jeté dans les fondrières du Gunelé, au bas du mont Saint-Michel.

Par un reste de l'ancienne superstition, adaptée à la religion catholique, on se persuadoit encore, il y a peu d'années, que des êtres coupables, métamorphosés en barbet noir, étoient menés jusqu'à Braspars. Le curé confioit le chien noir à son valet, qui le conduisoit dans un lieu retiré. Le chien disparoissoit, en ce moment : la terre au loin trembloit ; des feux s'élevoient du sein des rochers ; le ciel, couvert d'affreux nuages, fondoit en grêle ; le tonnerre grondoit.....

Plutarque rapporte, d'après Démétrius, que dans les îles voisines d'Albion, consacrées aux génies, aux héros dont elles portent le nom, des ouragans et des tem-

Q

pêtes annoncent la chûte des grands coupables.

On dit à Braspars, que les démons, chassés du corps de l'homme, sont enchaînés dans un cercle magique, sur le haut du mont Saint-Michel : ceux qui mettent pied dans ce cercle, courent toute la nuit sans pouvoir s'arrêter. Aussi la nuit on n'ose traverser ces montagnes.

En descendant du mont Saint-Michel, dans la plaine, je vis des eaux et des traces ferrugineuses.

Les habitans sont bons, hospitaliers, généreux : si les bestiaux de leurs voisins passent dans leurs champs, ils les ramènent aux propriétaires, sans se plaindre, sans exiger le moindre dédommagement : s'ils ignorent à qui ces animaux peuvent appartenir, ils les soignent, ils les nourrissent, jusqu'au moment où leur maître vient les réclamer, loin de les écarter, de les chasser avec brutalité, de les faire saisir par d'avides huissiers, comme dans nos contrées policées. Les mœurs des habitans d'Arès sont douces : l'ivrognerie n'y règne pas autant que dans le reste de la Bretagne; non qu'ils l'évitent ; mais les occasions sont rares, dans un pays qui ne produit ni vin, ni cidre, où les charrois sont impraticables.

Hélas ! quand nous trouvons des vertus sur la terre, on les doit plus à des obstacles matériels, qu'à la raison.

On voit peu de troupeaux dans ces lieux écartés ; on y trouve beaucoup de canards sauvages : l'étang de Kerveron en est couvert. Les bécaces y sont très-rares ; les lièvres, les lapins en abondance ; les perdrix moins communes que dans les environs de Carhaix.

Ici, le vin, l'eau-de-vie, du lait aigre, sont des remèdes à tous maux. Quelques cultivateurs raccommodent les bras cassés, et guérissent les bestiaux des maladies, qui les attaquent rarement.

Les vents du sud-ouest, les vents du nord, sont terribles sur ces montagnes ; les gelées y sont fortes. Dans l'hiver de 88 à 89, la neige s'élevoit à plus de dix pieds dans les vallons : on fut sept semaines sans pouvoir mettre les animaux dans les champs.

Je m'entretins avec tous les habitans que je trouvai dans ce petit voyage. Deux réponses vous feront connoître leur extrême

simplicité. Aimez-vous les contes, les histoires du tems passé? — Fort peu, car je
travaille; quand je me repose, je bois ou
je m'endors; et je n'aime pas à parler. —
Pourquoi ne faites-vous pas réparer ces chemins détestables? — N'avons-nous pas les
landes?La terre estlarge;etnous ne craignons
pas plus le travail que nos bœufs. — Oui;
mais ces bœufs s'exténuent, dégénèrent;
les charrettes se brisent. — Que voulez-
vous; le ciel pourvoit à tout.

La municipalité de la Feuillée desire
qu'on fasse un pont au bas de la commune,
sur la route de Landerneau. Une jetée,
faite en 1760, est détruite : le mal augmente; l'eau surmonte la jetée. C'est un
passage important, qu'on ne peut abandonner.

Au midi, près de la même commune, il
existe un passage presque impraticable : il
communique cependant avec Braspars, avec
Châteaulin, avec la commune de Loquefret.

Cꞏ   ꞏr la route de la Feuillée à Morlaix,
Sꞏ   ꞏn endroit nommé Lenalec, est un
dans ꞏ   ꞏ réparer.

chemin ꞏ   ꞏbs de la mine du Huelgoat et de
Les plom   ꞏouen, passent nécessairement
celle de Poulꞏ

par la Feuillée : quand on les transporte à Landerneau , ils sont arrêtés fort long-tems par les bourbiers de Keranguerof ; on les combleroit aisément.

Je parlerai dans la description du district de Châteaulin , du chemin déjà commencé de Morlaix à Châteaulin , par Braspars : il passeroit aux pieds du mont Saint-Michel. Les officiers municipaux de la Feuillée en reconnoissent l'utilité ; ils assurent que cette route n'est pas difficile à terminer.

Le village de Botcador , le dernier qu'on rencontre en approchant de Saint-Michel, devroit appartenir au district de Carhaix ; il n'auroit pas à traverser les montagnes, pour verser ses denrées au chef-lieu à Châteaulin : il lui seroit facile d'arriver à la Feuillée par le chemin de Landerneau.

Le terroir de Bolmeur , qui tient à la commune de Berrien , est enclavé dans celle de la Feuillée : ce village est obligé de traverser un terrein étranger, pour porter ses morts au cimetière de son canton. Il desire son affiliation à la Feuillée. Les municipaux de cette dernière commune approuvoient ce changement.

Dans le canton que je viens de parcourir,

on ne peut plus se procurer de meules. On en trouvoit jadis à Châteaulin, à Morlaix, à Landerneau.

J'indique les besoins de ces bons paysans. Quelque administrateur, en parcourant ces feuilles, pourra former le plan de les servir. Je connois l'insouciance des habitans de la campagne; ils ne solliciteront pas des réparations nécessaires : les mille et mille pétitions des corps constitués, ne sont pas lues; les ingénieurs effrayent par le tableau de leurs dépenses accumulées. Les contrées voisines de Paris obtiennent tout , parce qu'elles ont des avocats auprès du gouvernement. Puissé-je attirer sur les lieux écartés que je parcours au bout du monde, les regards d'un administrateur puissant, et faire porter ses soins, sa bienveillance, sur le point le plus abandonné, le plus négligé, le plus important de la France! Quels immenses terreins on livreroit à la culture ! quelle multitude de troupeaux on établiroit dans ces lieux ! La France, en secondant, en servant la Bretagne, s'enrichiroit bien plus qu'en voulant cultiver la totalité de Saint-Domingue; pays de mort, que l'Espagnol ne nous accorde que pour nous perdre : c'est le présent d'un ennemi. Resserrons-nous ; laissons les idées de conquêtes. La France peut nourrir soixante millions d'habitans : quand nous aurons atteint cette population, nous chercherons alors à nous étendre. Je me souviens d'avoir trouvé jadis un petit livre intitulé : *Il Parangone politico.* L'auteur suppose une dispute de puissance, entre le génie de la France et le génie de l'Espagne ; une balance est suspendue ; la France l'emporte ; l'Espagnol ne se rend pas ; il place sur l'Espagne ses possessions dans l'Inde orientale, il est vaincu : il ajoute les îles de Saint-Domingue, de Cuba, au Mexique, au Pérou ; plus il chargeoit, plus la France majestueuse descendoit avec dignité. C'est l'unité qui fait le bien ; l'excès des richesses est nuisible : son étendue perdit l'empire des Romains.

Je revins à Carhaix dans le dessein de visiter Châteauneuf-du-Faou à l'autre extrémité du district.

Châteauneuf est à l'ouest de Carhaix. En sortant de cette dernière commune, par des rues impraticables, vous trouvez des chemins mal conduits, mal ferrés. A quel-

Q 4

ques portées de fusil, l'on est forcé de gravir une montagne, qui ne permet aux rouliers, ni de la monter, ni de la descendre.
Les terres que vous parcourez sont incultes
et dépouillées : tous les environs de Carhaix, comme ceux de tous les lieux habités,
offrent quelques vergers, des terres assez
fécondes. Ainsi, tout ce qui couvre la montagne de Volterre, en Toscane, présente
l'aspect d'un jardin, quand la campagne
desséchée n'offre à l'œil qu'un désert aride.
A quelques milles de Carhaix, la route est
moins cahoteuse, mieux faite, mais les aspects toujours les mêmes. Vous voyez sur
la croupe, au sommet des monticules multipliés qui forment le sol, se déployer des
tapis de genet, de bruyère, que des moutons devroient couvrir, que l'industrie devroit féconder.

Peu de clochers dans les lointains, pas
une habitation sur la route jusqu'au château de Pratulo. On le voit sur la droite,
dans une jolie position ; des bois l'entourent ; une prairie descend du jardin, jusqu'aux bords de l'Aulne.

Le pont Trifen est mal pavé ; ses gardes-
fous ont disparu. Vous l'abordez par une

descente rapide : le faux-pas d'un mallier pourroit vous porter dans l'abîme. L'avant-dernier propriétaire de Pratulo se noya près du pont Trifen, entraîné par un jeune cheval. Faites réparer le pont, et mettez le voyageur à l'abri des dangers : enlevez au cultivateur la crainte de voir périr ses chevaux, ses bœufs, sa charrette et son fils. Je visitai la papeterie de Pratulo, dont le fond appartient au ci-devant comte de Musillac. Le citoyen Guidon en a fait construire les établissemens; il en dirige les travaux : il employoit quatre jeux de pilons; il peut à peine en occuper un seul.

Trois grands propriétaires se partagent les environs de Châteauneuf; Musillac, Rosili, Dugrego, dont les possessions embrassent la vaste étendue de la forêt de Laz.

Châteauneuf est une commune pittoresquement située, riche de nature, variée d'aspect. Elle s'élève sur un côteau bien abrié des vents de nord-ouest; les sinuosités de l'Aulne coupent de riches prairies près desquelles sont établis des moulins et de petites chaumières : les fonds paroissent garnis de bois rians et de montagnes assez hautes. Notre - Dame - des - Postes domine un tertre élevé , couvert de chênes et d'ormeaux. C'étoit un jour de foire. Une espèce de place qu'il falloit traverser, étoit remplie d'un monde de sauvages, qui, n'ayant point vu de voitures, me prirent pour *un représentant*. Les animaux s'écartent, se précipitent ; la fille abandonne sa génisse pour me voir ; le vigoureux bouvier laisse ses bœufs pour me saluer , tandis que le municipal régulateur m'envisage en tremblant, et fait quelqu'acte de rigueur pour me prouver son patriotisme et son zèle.

Je me rendis à la maison commune ; j'y trouvai le maire et des officiers municipaux ; ils répondirent avec simplicité, avec intelligence , aux questions que je leur fis : mais un notable , homme de ville , *homme d'esprit* , m'impatienta tellement par son savoir, par son érudition, par sa philosophie, qu'il faut avoir la patience et la force dont le ciel m'a doué , pour supporter sa présence pendant une heure ; il savoit tout ; il répondoit à tout. J'ai trouvé des Cicérons bizarres en Italie, mais jamais un original aussi fatigant ; je cessois de lui parler, il me parloit ; je détournois la tête, il changeoit de place : la crainte de passer pour un être nul le tourmentoit à l'excès. Bons laboureurs, paisibles habitans des champs, municipaux ses confrères, que je vous plains d'être arrachés à vos étables, pour siéger à côté de lui ! J'osai me flatter un moment que je ne le reverrois plus ; il avoit parcouru la ville, et m'amenoit toutes les veuves, toutes les mères, les femmes, les enfans des défenseurs de la patrie. Chacune d'elles me présentoit les lettres que depuis trois ans elles avoient reçues de nos frontières. On avoit parlé du curé, du docteur, de l'apothicaire et du boulanger de la ville : il me les présenta. Où fuir ? Il me suivit à l'église, à la halle, à la fontaine, à Notre-Dame-des-Portes : la nuit obscure put seule m'en débarrasser ; je le perdis. Mais il m'attendoit à l'auberge. Dieu vous préserve des notables de Châteauneuf ! Ajoutez que cet homme avoit encore toute la grossièreté, toute la brutalité féroce des jours de Robespierre.

On traîna sous mes yeux, à la municipalité, un père de famille, qu'on s'obstinoit à croire un prêtre déguisé, parce qu'il parloit français avec facilité : il fut injurié, frappé ; il fut traîné dans les prisons, malgré les cautions qui se présentèrent, malgré l'assertion de quelques municipaux de sa commune qui le réclamoient. Avec quel ton l'on s'exprimoit alors ! « Qu'allez-vous faire ? quel parti prendrez-vous ? S'il n'est mis au cachot ; s'il n'est puni, je vous dénonce à la société populaire ».

Etes-vous faits pour être libres, vous qui traitez ainsi vos magistrats, qui *respectez ainsi la liberté* des hommes ? Puissent se métamorphoser ces monstres, qui dominèrent un moment, pour anéantir les vertus, les talens, les arts, l'humanité ; qui voulurent remplacer l'affabilité des peuples éclairés, par les fureurs de l'ignorance ; la modération, la modestie, les grâces, par les excès, l'audace et la brutalité.

Outre le pont de Pontpol, qu'on passe sur une échelle, et le pont de la Nation, jadis pont du Roi, qu'il est urgent de réparer, il seroit nécessaire d'en construire un, au lieu des jetées que dans l'hiver l'eau rend impraticables, en les surmontant de plus de six pieds. Le citoyen Noel Guerlogot s'y noya dans l'année 1792. Les communes de Motref, de Saint-Hernin et de

Spezet, se servent de ce passage pour communiquer avec Châteauneuf. On le traverse pour se rendre de Châteauneuf à Gourin, au Faouet.

Le pont de Stervey, rompu dernièrement par les grandes eaux, intercepte toute communication entre une partie des communes du canton de Châteauneuf et le chef-lieu.

La route de Châteauneuf à Plounevez, celle de Plounevez au Huelgoat, sont impraticables dans l'hiver.

Si la route de Quimper à Châteauneuf étoit terminée, le passage des troupes pour Morlaix seroit plus court et plus facile.

Dans Châteauneuf, toutes les rues sont à repaver. On pave dans cette commune avec du quartz, qu'on tire de Méné-Barès. Cette commune n'est qu'à un quart de lieue de la ville.

La fontaine de Saint-Julien est corrompue par les écoulemens des halles. On pourroit en diriger la source sur la place de la Liberté, profiter de ses eaux pour établir un lavoir nécessaire entre la halle et le jardin du citoyen Jean Lepage.

Une quantité de maisons, ruinées, abattues, infectent l'air de cette commune. Tous les toits sont couverts d'ardoises ; elles viennent de Saint-Goazec et de Spezet. Le principal commerce du canton consiste en bestiaux, cire, miel et chandelles.

Les halles sont grandes ; il est urgent d'en réparer la charpente et la couverture. On pourroit aisément en faire l'acquisition pour la ville, à laquelle elles n'appartiennent pas. Les casernes sont assez bonnes.

Les prisons sont dans un état qui fait frémir. Nous avons cent fois remarqué qu'un homme présumé coupable, ne doit pas être traité comme un criminel, que jusqu'au moment de sa condamnation : il doit trouver dans sa retraite forcée, un air pur et les aisances d'une vie simple. Toutes ces demeures, dans le Finistère, dans toute la France, sont encore des cachots obscurs, le séjour de la brutalité, de la misère. C'est-là pourtant que votre fils peut languir par une étourderie ; c'est-là qu'une indiscrétion, qu'une calomnie, peuvent vous conduire. Howard mérita de sa patrie la statue qu'elle lui fit élever pour son bel ouvrage sur les prisons, pour avoir sacrifié sa fortune à parcourir, pour les connoître, pour les améliorer, ces demeures de l'humanité souffrante. Pourquoi n'existe-t-il pas dans chaque département en France un homme chargé par le gouvernement d'inspecter ces lieux de douleur, et d'y donner aux détenus les consolations et les secours, qu'un malheureux, que le coupable même, a droit d'attendre? Serons-nous toujours des barbares? Et cette voix céleste, cet accord des bons cœurs qui prêchent la compassion et l'indulgence, seront-ils sans effet, dans un pays qu'on veut régénérer? Que de bien nous avons à faire pour réparer les maux de nos guerres civiles, pour réparer nos torts envers l'humanité!

On ne trouve à Châteauneuf aucune maison de charité, aucun hospice. Un homme y fait avec zèle, avec intelligence, les doubles fonctions de médecin et de chirurgien : il se rend à toute heure chez l'homme de ville, ou dans les campagnes éloignées, par-tout où ses talens peuvent soulager l'humanité souffrante ; mais il est très-âgé, mais il n'a pas d'élève qui le remplace.

Il y a trois églises et trois cimetières dans

l'intérieur de la ville. La police ne détruit pas cet étrange abus ; et l'existence des vivans, est compromise par des exhalaisons pestilencielles.

Il y a dix-huit foires par an à Châteauneuf.

Les terres du voisinage sont bonnes ; les meilleures, sur les bords de l'Aulne, sont brûlées par les écoulemens des mines de Poulaouen et du Huelgoat. Le citoyen Claude Hervé, officier municipal, atteste que depuis 10 ans il a perdu de 6 à 7 journaux de terre, par les vapeurs qui s'exhalent de la rivière. L'Aulne, très-poissonneuse, il y a quelques années, cesse de l'être depuis que les mineurs ont repris leurs travaux : il n'est pas rare de trouver au printems des poissons morts à sa surface.

Il y a beaucoup de moutons dans les communes de Laz et de Spezet; très-peu dans celle de Châteauneuf. Il est réel que tour-à-tour les habitans de ces cantons sont obligés de surveiller la nuit les champs voisins de la forêt de Laz; les loups, les sangliers, les daims et les chevreuils, des cerfs, etc. y causeroient d'affreux ravages, sans cette sage, mais pénible précaution. On les éloigne,

éloigne, en prolongeant dans l'air des hurlemens aigus, sauvages, semblables à ceux
qui retentissent dans les montagnes de la
Suisse et de l'Apennin ; par les feux brillans
qu'on entretient toute la nuit ; par des coups
de fusils qu'on tire de tems en tems, quand
on peut avoir des fusils ou se procurer de
la poudre. Les paysans sont à présent sans
armes. La forêt qui domine sur d'énormes
rochers de granit, sur des cavernes, sur des
grottes profondes, offre des retraites aux
malfaiteurs, qui, s'ils savoient trouver des
armes chez ces laboureurs, iroient les enlever la nuit.

Les terres de Châteauneuf ne produisent
point de froment ; elles sont pauvres en jardinage, en cidre : le sarrazin qu'on y consomme, vient de Scaer. On y porte des cendres en échange de cette denrée.

Avant la guerre affreuse des chouans, on
vivoit heureux dans ces contrées. On y dan-
soit souvent ; des fêtes, des courses, des
combats poétiques, égayoient tous les mariages ; la gaité fuit avec l'innocence et la
paix, ses inséparables compagnes.

Malgré la grossièreté de quelques individus, on sent que ce pays perdu n'a pas

R

éprouvé les fureurs de la révolution, comme le reste de la France. On n'y vit point couler le sang humain ; on y dormoit sous Robespierre. Bons habitans de ces contrées, bénissez les déserts, les monts et les forêts qui vous séparent du reste des humains ! Les sangliers, les loups qui ravagent vos champs, sont moins à craindre que les hommes, et beaucoup plus sensibles qu'eux.

Rien de plus champêtre, de plus riant, de plus pittoresque, que les environs de Châteauneuf ; tous les grands tableaux qui vous frappent, sont terminés par la masse immense des montagnes Noires ; la forêt de Laz les couronne, rehausse l'éclat d'un ciel fort éloigné, et fait ressortir les couleurs variées des beaux tapis qui descendent jusqu'aux rives de l'Aulne.

Du pied de Notre-Dame-des-Portes, on jouit d'un des beaux points de vue que j'aie trouvé dans mes voyages.

L'Aulne dessine un demi-cercle autour des plus riants côteaux, du plus élégant paysage ; ses rives sont bordées de prairies, couvertes de bosquets, surmontées de chaumières, de jolis parcs et de petits jardins. Plus loin on appercoit, au milieu des feuillages, le vieux château de Trévaré. Ce monument prépare à l'aspect redoutable d'immenses rochers, aux pieds desquels circule la rivière : des vapeurs sombres viennent s'y reposer, des vols de corbeaux les surmontent ; plus loin les masses ondées de la forêt se confondent avec les nuages. J'ai vu des scènes plus augustes, mais jamais de plus variées.

Notre-Dame-des-Portes est une chapelle entourée de vieux arbres consacrés par la piété de nos pères. Cette vierge fut trouvée dans le cœur d'un chêne énorme. J'ai vu la niche qu'elle occupoit : son image d'argent a disparu. Le soldat qui la ravit sera puni sans doute comme celui qui fit souper Auguste du produit d'une des cuisses de la déesse Anaitis. Un bois sacré descend jusqu'au rivage par une pente de 5 à 600 pieds, sur laquelle on a pratiqué des allées. C'est là que, dans les nuits, on voit errer Notre-Dame-des-Portes en robe blanche, éblouissante de lumière. Le frottement de sa robe de soie se fait entendre au loin dans la campagne : cette apparition annonce de beaux jours, d'amples récoltes et des succès à ses fidèles adorateurs. On n'ose pas alors approcher de l'enceinte ; on s'agenouille , on s'humilie ; on chante une hymne en l'honneur de la vierge ; on se retire enfin à reculon , et sans tourner le dos à la déesse. Ainsi nos bons aïeux sortoient jadis des forêts druïdiques.

On ne peut voir un chêne plus auguste, de plus nerveuses rugosités , de branchages plus étendus , un tronc plus vénérable que celui qui renferma l'image de la vierge des Portes.

Les prêtres catholiques n'ont pu détruire l'ancien respect de nos ancêtres pour cet arbre religieux : il étoit l'emblême de la force , de la durée , de l'Etre suprême. La massue d'Ogmius étoit faite d'une de ses branches ; il couronnoit celui qui protégeoit la vie d'un citoyen. La plus sévère punition que pût subir un gentilhomme breton , quand il s'étoit déshonoré par une lâcheté , par une bassesse , étoit, il y a peu de tems encore , la destruction de la longue allée de chênes qui conduisoit à son château. Le désespoir alors frappoit toute sa famille : on le fuyoit comme un proscrit, comme une victime dévouée aux enfers , comme ces criminels auxquels la sévère religion de nos ancêtres défendoit d'accorder le feu et l'eau ; qui n'avoient de ressource que celle de se cacher dans des cavernes, de fuir chez l'étranger, où le remords, *Esus et Taranis*, les poursuivoient encore, quelqu'obscure, quelque reculée que fût leur retraite désespérée.

Je jouis, en revenant de Châteauneuf à Carhaix, d'un de ces effets de lumière qui frappent quelquefois les voyageurs, en leur causant toujours une nouvelle surprise et de nouvelles jouissances. Un brouillard très-épais chargeoit l'atmosphère ; l'obscurité régnoit autour de nous : dans le lointain, le soleil perçoit un épais nuage, et coloroit Cleden et Saint-Hernin ; les clochers, les sommets dorés se rapprochoient : nous distinguions les arbres, les fossés et les brillans de la rosée, à des distances où, dans une autre disposition du ciel et de l'atmosphère, nous n'eussions apperçu que des masses obscures. Ces grands effets de la nature m'enchantent comme les hardiesses d'un grand musicien, comme la fougue de Rubens, comme la poésie d'Homère et des prophêtes.

Je m'arrêtai quelques momens à la municipalité de Landeleau : elle tient ses séances dans une chapelle longue de douze pieds, large de neuf, sans parquet, sans armoire, et sans autre ouverture qu'une fenêtre d'un pied de haut sur huit pouces de large. Une tombe de granit lui sert de table ; les papiers sont posés par un trou sous l'autel, où l'on voit le matelas de pierre où saint Telo se reposoit, quand, monté sur un cerf, il avoit achevé de parcourir la paroisse qu'il protégeoit.

On porte à 1000 individus la population de Landeleau. Cette commune n'a qu'une lieue de long sur une demi-lieue de large : elle demande la réparation indispensable du chemin qui mène à la mine du Huelgoat. Dans quelle mal-propreté, dans quelle misère vivent les habitans de Landeleau ! quelle eau bourbeuse dans leur fontaine ! quels chemins vicinaux ! Le pont si nécessaire, nommé Pont-ar-Gudon, dans la commune de Colorec, est impraticable à présent.

Rien de remarquable d'ailleurs dans ce canton. On a l'usage, comme à Châteauneuf, de placer la tête des morts dans de petites niches de bois, qu'autrefois on couvroit de fleurs et de couronnes, qu'à présent on arrose d'eau bénite.

On voit dans le cimetière de Saint-Telo, la tombe de Kersanton, du marquis de Mesle, seigneur de Châteaugal, à une lieue de Landeleau : il est armé de pied en cap.; sa tête pose sur un oreiller; il porte une espèce de fraise, et ses cheveux bouclés s'évasent en larges ailes de pigeon. La gravure devroit nous conserver tant de costumes bizarres, étrangers à la France, qui chargent les tombeaux et les vitraux de la Bretagne. Malgré les ravages des derniers tems, on en trouveroit encore une très-grande quantité ; ils serviroient au moins à l'histoire de l'art, puisqu'on renonce à celle des familles.

Je donnai quelques soins à la bibliothèque peu précieuse de Carhaix ; et j'allai visiter les riches mines de Poulaouen et du Huelgoat.

Je crois devoir donner ici l'extrait d'un mémoire fait par M. Laumont, inspecteur-général des mines de France, sur plusieurs filons métalliques de la Bretagne. Il fut lu à l'académie des Sciences ; imprimé dans le Journal de Physique du mois de

mai 1786. Il contient des observations inté-
ressantes sur les mines de Poulaouen et du
Huelgoat.

J'y joindrai quelques détails de tems et
de localité, qui compléteront l'idée qu'on
doit se faire des richesses que ces deux mines nous fournissent.

*Extrait d'un mémoire de Laumont, ins-
pecteur - général des mines de France.*
(Journal de Physique , mai 1786.)

« Je m'arrêterai davantage sur la mine
du Huelgoat, où j'ai trouvé l'acide phosphorique dans une espèce de galène, dans
plusieurs mines de plomb spatique, et sous
forme de sel acide phosphorique martial. Je
finirai par quelques détails sur un quartz
disposé en lames quarrées, qui n'a pas encore été décrit ».

Les bons filons de mine dans la Bretagne
paroissent couler du nord au midi, dans
une direction perpendiculaire à celle des
schistes qu'ils traversent.

Les filons de Poulaouen et du Huelgoat
sont dirigés du nord au sud. Ils existent
dans des roches feuilletées, granitoïdes :

elles ont eu vers 1760 une exploitation con-sidérable.

Les productions utiles de la mine de Pou-laouen, sont :

« 1°. La galène à grandes facettes, don-nant généralement peu d'argent [une once par quintal], mais riche en plomb, et très-facile à traiter ».

Celles qui intéressent le naturaliste, sont :

« 2°. Des pyrites martiales, châtoyantes, très-agréables ;

» 3°. De la blende brune feuilletée, et en cristaux noirs très-brillans ;

» 4°. De belles cristallisations de quartz ;

» 5°. Du spath calcaire rhomboïdal à sommets obtus ;

» 6°. Du spath perlé ;

» 7°. De la stéatite ».

Les productions utiles du Huelgoat, sont :

« 1°. Les galènes à grandes et petites fa-cettes, quelquefois châtoyantes, souvent mêlées de mine de plomb tessulaire. Elles donnent en grand environ 55 liv. de plomb sur 100 liv. de minéral trié et lavé, et de-puis 2 jusqu'à 4 onces, et quelquefois plus d'argent par quintal.

» 2°. Une ocre martiale, et une terre

noire, légère comme la suie, comme sur la mine sous le nom de terres rouges. Elle a donné depuis 2 jusqu'à 16 onces d'argent par quintal de terre, et quelques livres de plomb.

» 3°. Je crois devoir rapporter ici des morceaux d'ocre d'un brun-jaunâtre, parsemé d'argent natif, que M. Sage dit, dans la nouvelle édition de ses ouvrages, tom. 3, page 247, avoir été trouvés en assez grande quantité, dans les mines de Poulaouen.

» On ne l'avoit jusqu'ici reconnu dans ces mines (le plomb) que minéralisé par le soufre et par l'acide méphitique ou air fixe ; j'y ai trouvé l'acide phosphorique comme minéralisateur, et son passage à l'acide sulfureux. J'ai pris de la belle mine, d'un brun-rouge, transparente, du Huelgoat, et j'en ai tiré du phosphore. J'ai traité de même celles en aiguilles, en canons, la mine de plomb grise en houppes, celle fleurs de pêcher ; et elles m'ont donné pareillement du phosphore. J'ai essayé la mine de plomb en canons noirs, une variété de galène, et j'en ai tiré du soufre et du phosphore. J'ai essayé la mine de plomb blanche et transparente , elle n'a produit que de l'air fixe ».

Le local dans lequel sont placés les établissemens de la mine de Poulaouen, n'a rien de remarquable ; il est environné de montagnes pelées : les scories, les cendres et la fumée ajoutent encore à l'aridité de cet aspect.

Le bâtiment principal, habité par les officiers de la mine , est imposant, d'une assez bonne architecture ; il frappe surtout dans un pays où l'on ne voit que des chaumières.

Les roues immenses qu'on apperçoit sur le grand chemin , les longs appentis couverts d'ardoises, les forges , les magasins où sont déposés les outils , la demeure des ouvriers , les chantiers , les cuves nécessaires aux lavages, les beaux chevaux et les voitures employés aux différens travaux ; tout annonce une grande manufacture.

Deux mille quatre cents hommes, femmes et enfans, sont employés aux travaux de la mine.

Tout ce qui peut être utile à l'exploitation, se fabrique sur les lieux : on en ex-

cepte les grosses pièces de fonte, les ma-
nivelles de roues, etc. qu'on fait venir
d'Indret.

Les ouvriers travaillent 12 heures de
suite à la fonderie, et se reposent 24 heures.
Les établissemens en général occupent un
espace d'un quart de lieue de long sur 600
toises de largeur.

La fonderie du fourneau à manche est
un édifice de 40 pieds de long sur 30 de
large ; il a 2 cheminées et 4 fourneaux : jadis on employoit 5 fourneaux à reverbère
dans ce bâtiment : il n'y en a que 3 qui servent à présent.

La laverie sur les grilles, la laverie aux
cribles, le bocard où l'on broie le métal à
l'eau, sont trois autres édifices considérables et bien entretenus : dans la laverie des
tables, où le minérais réduit est lavé, on
n'emploie que des femmes et des petites
filles.

Le puits principal de Poulaouen a plus de
600 pieds de profondeur : le plomb est
communément mêlé de soufre, d'arsenic,
de zinc, et d'autres sémi - métaux : des
quartz, des schistes, forment la gangue du
filon qu'on exploite. Ces filons ont ici de 24

à 3o pieds de puissance : les veines sont quelquefois de 4 pieds massifs de minérai.

On lave les minérais passés par des cribles de 2 à 2 lig. et demi de maille , sur des caisses allemandes nommées Schlamgraven.

Le plomb s'écoule dans des lingotières de 3 pieds de long sur 5 pouces de large et sur 4 de profondeur ; ce qui donne un lingot de 68 à 70 livres.

Le fourneau à manche a , depuis le sol jusqu'au point de la charge , 5 pieds de hauteur , 3 pieds de profondeur , et de 20 à 22 pouces de largeur : derrière est placée la tuyère ; sur le devant , le bassin qui reçoit les matières fondues.

Les soufflets ont 10 pieds de long sur 3 à 4 de large ; ils se meuvent, à l'aide d'une roue mue par l'écoulement des eaux du bocard , qui fait aussi marcher les trompes d'affinage.

Les fourneaux sont de granit ; la chaleur le fond quelquefois : c'est cependant la meilleure pierre qu'on puisse employer à cet ouvrage.

La brasque dont on se sert ici pour recevoir les scories et le plomb fondu , est composée de deux parties ; de poussière de charbon , et d'une partie de terre argilleuse , mêlées , pilées , passées par un tamis : on l'humecte , on la coupe , on la prépare , afin qu'elle puisse s'aglomérer dans la main , sans qu'elle soit trop humide : on la jette alors dans le fonds du fourneau ; on l'applatit avec des pilons de fer. Ce mélange, ce travail se renouvelle tous les mois.

Les fourneaux d'affinage sont au nombre de 2 , dont la base est de 12 pieds : l'intérieur de ces fourneaux a 7 pieds de diamètre. La coupelle se fait ici de cendres de vigne lessivées , qu'on tire de la Rochelle : on les mêlange d'un huitième de sable ferrugineux : le plateau d'argent , résultat de l'affinage , est de 60 marcs , quand on a placé dans le fourneau 16 milliers de plomb, provenant des fourneaux de reverbère. Le bâtiment où se fait ce travail a 30 pieds de long sur 24 de largeur.

La mine de Poulaouen donne 5 gros d'argent par quintal de plomb ; celle du Huelgoat, 3 onces 2 à 4 gros et plus par quintal. Ainsi la mine du Huelgoat est plus riche en argent ; elle l'est beaucoup moins en plomb.

Dans les exploitations , on a trouvé des

racines de gros arbres à 30 pieds de profondeur.

N'est-il pas singulier qu'il n'existe pas à
Poulaouen un cabinet où l'on puisse étudier
les produits de ces deux mines ? Les morceaux les plus curieux ont été donnés aux
anciens entrepreneurs, dispersés dans les
cabinets de Paris, portés en présens chez
les ministres, confondus avec les minéraux
de la Saxe, de la Suisse, etc. Ces grandes
collections peuvent être d'un intérêt général ; mais elles n'apprennent rien de particulier, de fixe, de certain : on ignore communément à quel sol, à quel ciel appartient
l'objet d'histoire naturelle qu'on étudie.
Sans proscrire les grands rassemblemens,
je voudrois qu'on trouvât dans chaque département des montres de tous ses produits.
Je ne cesse de citer pour exemple le cabinet du ministre Spreugli, près de Berne. On
y voit tous les oiseaux de la Suisse, des
échantillons de tous les bois, de toutes les
graines, de tous les minéraux, des pierres
de cette contrée, sans aucun mélange
étranger. On prend chez lui des idées justes
et précises ; et l'on ne confond pas, comme
je l'ai vu faire à des gens à réputation, les

animaux, les minéraux, les coquillages de la Norwège, avec ceux qu'on receuille sur les rivages de Madagascar, ou dans le détroit de la Sonde. Les administrateurs de Poulaouen m'ont assuré qu'on n'auroit plus de reproches à leur faire sur l'impardonnable négligence de leurs prédécesseurs, et qu'ils conserveroient ce qu'ils découvriroient de curieux, sans permettre aux amateurs de l'enlever.

Le citoyen Pourcelet, dont j'ai déjà parlé, n'étoit pas riche en grands morceaux; mais il avoit des échantillons rassemblés depuis long-tems, des mines du Huelgoat et de Poulaouen. Il vient de mourir : je ne sais ce qu'est devenue sa petite collection; mais il m'en a donné des montres que je conserve.

Le citoyen Schreiber, inspecteur des mines, étoit à Poulaouen pendant le séjour que j'y fis. C'est un homme froid, mais aimable.

Je n'eus qu'à me louer des soins, des attentions, des honnêtetés que je reçus des chefs, des directeurs, etc. qui vivent à Poulaouen. Le citoyen Balosse eut la complaisance de m'accompagner à la mine du Huelgoat.

On

On traverse, en s'y rendant, la commune de Locmaria, la montagne du bois de Corbier. La route est détestable. Il est aisé de se convaincre, à la couleur jaune des arbres, des prairies qui bordent la rivière, du tort qu'apportent à ces contrées les écoulemens de la mine.

La commune de Locmaria demande la réparation du chemin qui conduit à Morlaix, et la construction d'un pont à Saint-Michel. Elle voudroit aussi qu'on mît en état de service la route qui conduit à Poulaouen ; c'est par elle que le Huelgoat verse ses produits ; on les transporte à dos de cheval : ces animaux chargés s'exténuent dans cette traverse.

On vit tranquille dans la commune de Tournée. Ses habitans travaillent aux deux mines : on y soigne un grand nombre d'abeilles : la terre n'y produit point de froment, mais du seigle, de l'avoine et du bled noir.

Cette commune, entourée de forêts, voit tous les jours dévorer ses bestiaux par les loups, et n'a pas d'armes pour les éloigner.

Les hommes sont vêtus de berlinge ; les

femmes, de vêtemens à longues queues, qu'on appelle manchou : elles portent communément une coëffe de toile sous une coëffe de molton.

Le Huelgoat est à cinq quarts de lieue de Poulaouen. Le premier établissement de la mine qu'on trouve en s'y rendant, se voit sur la montagne de Poulabas : c'est une machine à molette, établie sous un appentis d'environ 60 pieds de long sur 44 pieds de largeur ; il est couvert d'ardoise, et bien bâti ; la charpente est de bois de chêne : les leviers de cette machine ont depuis l'ance de l'arbre vertical, jusqu'au point où les chevaux sont attelés, 19 pieds 5 pouces de longueur ; la machine a 42 pieds de diamètre ; les bassicots descendent jusqu'à 100 pieds ; la galerie d'écoulement a, du nord au midi, 550 toises de longueur ; le cable qu'on emploie a 3 pouces de diamètre ; il dure 10 mois ; les molettes ont 5 pieds de hauteur sur un pied de largeur.

La matière contenue dans le bassicot, pèse brute de 5 à 600 livres ; quand la machine est bien servie, elle peut extraire de 20 à 25 charges par jour.

Le point de vue qu'on a de la montagne de l'oulabas, est agréable et varié, terminé par les montagnes d'Arès : des rochers dépouillés bornent la vue au nord ; le reste des terreins qu'on apperçoit est formé d'un vaste amas de collines assez bien cultivées, couronnées d'arbres et de clochers agréablement disposés.

On descend à l'endroit où sont situés les magasins, les forges, les bocards, les laveries, les logemens des chefs. La machine hidraulique, dont les tirans s'étendent à 200 toises, a 36 pieds de diamètre; elle est mue par l'eau de l'étang du Huelgoat, qui s'y rend par un canal souterrain de 2600 toises : la largeur du canal est de 6 pieds à la surface, et de 3 pieds au fond. Il a trois pieds de profondeur ; l'eau coule sur un lit de granit ; elle agite plusieurs rouages qui servent à l'épuisement des sources intérieures, à piler les matières, etc. ; elle s'écoule après dans les vallons, et va se perdre dans la rivière de Plaudonen, à 300 toises. Cette petite rivière se joint plus bas à l'Aulne.

Il n'y a point de fonderie au Huelgoat :

on y lave le minérai ; on le transporte à
Poulaouen , à dos de cheval.

Tous ces établissemens sont placés sur le
penchant d'une colline entourée d'arbres ,
dans un site qui me rappela par ses vapeurs ,
par le bruit des chûtes d'eau , par la forme
des bâtimens , par leurs boiseries de sapins ,
par l'air d'étrangeté , de solitude , de tout
ce qui environnoit ces habitations si cal-
mes , si sauvages , des petits cantons de la
Suisse , près de Saint-Gal , dans l'Apenzel ,
au milieu des rochers , des cascades , de riches tapis de verdure , et des forêts qui
couronnent les monts , en ménageant dans
les vallées un jour sombre et religieux.

L'inspecteur de la mine me reçut très-
honnêtement. C'est un Allemand , jeune
encore : sa femme , un enfant au berceau ,
sa flûte , une guitare , Hubert Gesner et
Zacharie , lui font passer de doux momens
dans ces demeures solitaires.

Nous nous rendîmes à la commune du
Huelgoat , par une route variée , par des
montagnes de granit et des chemins fort
difficiles. Rien d'exécrable comme les pavés
de ce chef-lieu de canton ; il n'est aucune
voiture qui ne versât en le traversant : il y

à 3 et 4 pieds du niveau de la rue au fond des boueuses ornières, qui s'y sont pratiquées par la négligence des habitans. Que de ruines ! que de misère !

Il y a plus de 20 ans qu'on demande un chemin qui conduise du Huelgoat à Morlaix.

Les ponts des environs sont dans un état déplorable.

La halle a besoin de réparation. Point de fontaines dans la commune ; mais l'eau des environs est bonne.

Le principal commerce y consiste en bestiaux, en moutons, en miel. Le pays est sans manufactures, sans tanneries. On y voit beaucoup de mendians.

La tradition conserve dans ces lieux le souvenir de l'énorme château d'Artus ; des rochers de granit entassés donnent l'idée de ses vastes murailles : on doit y trouver des trésors gardés par des démons, qui souvent traversent les airs sous la forme d'éclairs, de feux folets, en poussant quelquefois des hurlemens affreux ; ils se répètent dans les forêts, dans les gorges du voisinage. L'orfraie, la buze et les corbeaux sont les seuls animaux qui fréquentent ces ruines merveilleuses.

Le citoyen Mathurin Grillaud a partagé les morceaux d'un grand vase d'or , trouvé par son père , en bêchant un champ nommé *Toul-a-Houat*. Ce fait m'est attesté par toute la commune et par la municipalité.

Les loups , les sangliers , et le gibier en général , sont fort communs dans les environs du Huelgoat.

L'étang fournit des poissons excellens ; carpes , tanches , truites , peu d'anguilles : il a plus de 600 toises de long , 200 toises de largeur , 19 à 20 pieds de profondeur : ses eaux lui sont fournies par la petite rivière de Saint-Guinés , et par le ruisseau de Goazalés ou de Kervisien. La chaussée qui les soutient est large et forte ; une partie de ses eaux passe dans le canal, qui fait jouer les machines de la mine ; l'autre s'échappe avec fracas par une chûte de plus de 60 pieds , à travers des plus gros rochers ; elle disparoît , et ne se montre à l'œil qu'à 7 à 800 pas dans le vallon , au pied de la montagne. Ces rochers entassés de 20 à 30 pieds , et 50 pieds de diamètre , sont arrondis, polis, comme des cailloux roulés : ils sont sans doute les débris d'une montagne énorme, dont les filtrations, dans un tems prodigieux, auront miné les bases : la terre au loin est couverte de ses débris. Que de siècles il a fallu pour que les eaux du ciel aient arrondi toutes ces surfaces ! Elles ne peuvent l'avoir été par d'autre frottement. L'Océan en fureur ne pourroit pas les agiter : ces masses se couvrent, se supportent, s'amoncèlent ; c'est un des grands boulever-semens de la nature, une incontestable dé-monstration de la durée infinie de notre monde.

Les montagnes de Lauter Brunen, celles que séparent le Trient, la Drance, les voûtes sous lesquelles le Rhône disparoît, sont plus imposantes, peut-être ; mais des torrens, des fleuves impétueux les rom-pent, les divisent. Ici l'étang a trop peu de moyens pour agir avec violence, et le tems seul opéra ces merveilles. On voit à St.-Guinés une pierre de 18 à 20 pieds de diamètre ; l'eau de pluie, sans cesse agitée par le vent, l'a creusée à 8 pouces de profondeur sur une largeur de 4 pieds : l'eau renfermée dans le bassin guérit toute espèce de maux, les maladies de la peau sur-tout : on la boit, on s'en lave, on voudroit s'y baigner. Le tronc qui l'avoisine, étoit toujours rempli. Cet effet des eaux n'est pas rare en Bretagne ; on le trouve souvent repété sur la route de Concarneau à Pontaven, sur l'île Tristan.

A quelques pas de l'étang, sur la gauche, il existe une pierre en équilibre sur le sommet d'une autre pierre ; elle a 20 pieds de long, 16 de large et 13 d'épaisseur ; sans beaucoup d'efforts un homme seul la met en mouvement. Près de Trégunc, près de Tréguier, ce singulier hasard se renouvelle. Je sais qu'on le révoque en doute. Vingt épreuves m'en ont démontrée la réalité. Le verre qu'on suspend à quelques lignes, est agité, frappé, quand elle se ment : la main qui la touche, peut en compter les battemens, les oscillations ; ce n'est point une illusion.

Je visitai les rives du canal, qui va faire mouvoir les grands rouages de la mine : il n'est point de site plus bizarre, plus varié, plus extraordinaire. Les prairies traversées par une onde agitée ; les grands arbres dont les feuillages se croisent, do-

minés par le clocher d'une église fort élevée;
l'eau du canal qui paroît immobile ; cette
impression causée par les lieux sauvages,
infréquentés, tout contribua jusqu'à la
nuit à me retenir dans ces lieux : je les
quittai fort tard avec regret ; mais les
sites que je parcourus en retournant à
Poulaouen, la belle forêt de Plaudouel,
celle de Boudoudrin, les accidens d'une
route si variée me consolèrent du sacri-
fice que je venois de faire en m'éloignant
du Huelgoat.

On a trouvé près d'un plateau que
le citoyen Balosse m'indiqua , au milieu des forêts , des instrumens qui fe-
roient croire à d'anciens établissemens,
à des fonderies, etc. Ces instrumens n'existent plus ; on ne peut pas juger de leur
antiquité : je rapporte le fait pour ne rien
oublier, pour engager un curieux à faire
quelques fouilles, quelques recherches
dans ces lieux ; elles nous donneroient
peut-être des résultats intéressans.

Le Huelgoat étoit une ville murée :
les Ducs y possédoient un château fort ;
la forêt qui porte son nom étoit jadis d'une

étendue prodigieuse , dit Ogée ; » puisque François premier, dans une ordonnance des eaux et forêts, rendue le 12 août 1545 , prescrit d'en faire la coupe en 5o fois différentes ».

J'avois vu, j'avois traversé toutes les communes du district de Carhaix; Cléden, St.-Hernin, Plonnèves du Faou.

Cléden ; couvert de côteaux, de montagnes, terreins pierreux , peu cultivé.

St.-Hernin ; riche en prairies , pays riant très-agréable , couvert d'arbres et de buissons, coupé par de jolis vallons.

Plonnèves du Faou , qui ne le cède en rien à St.-Hernin ; terrein couvert d'arbres fruitiers.

Je quittai le district de Carhaix , et par le chemin que j'avois eu le malheur de faire une première fois. Je revins à Morlaix ; le seul objet qui fixa mes regards dans cette route détestable, fut une chapelle ruinée, entourée de vieux ifs dont les sommets sont mangés par les vents ; il n'est pas de paysagiste qui ne la dessinât sur ses tablettes : les arbres de ces contrées s'inclinent tous vers le nord-est ; les vents du sud-ouest y dominent avec fureur, aucun arbre ne s'y déploie avec la force, la beauté, la richesse qu'il obtient dans les vallons et dans les bois ; la chapelle dont je viens de parler, et les troncs vénérables qui l'entourent ne sont pas éloignés de la commune de Squiriou.

Le citoyen Philippe, administrateur provisoire des mines de Poulaouen et du Huelgoat, m'avoit remis l'état du produit réel de ces mines, depuis 1781 jusqu'au premier vindémiaire, an 3 de la République frrnçaise.

Les produits de 1781 sont compris dans ce tableau.

Plomb marchand.　　12,945,789 liv.

Argent ordinaire.　　56,237 marcs.

Argent enrichi d'or.　　13,696 m. 5 o. 1 g.

Apperçu du produit actuel par année.

Plomb marchand, environ　　1,350,000 liv.

Argent ordinaire au titre
de 11 d. 23 g. de fin.　　　　　　4,536 m.

Je ne restai qu'un moment à Morlaix, pour achever d'examiner sa curieuse bi-

bliothèque ; et je partis pour Lesneven ;
eu repassant par Pol-de-Léon (1).

(1) Carhaix par sa position ne devroit pas être dé-
laissée ; il seroit important d'y placer quelque établissement qui pût la revivifier, l'empêcher d'être un
désert en peu de tems. Ce poste militaire est de la
plus grande importance ; tout le monde le fuit parce
qu'il est sans ressources , et peut-être pour éviter
l'esprit détestable de chicane , de division , de haine,
de discorde , dont il fut de tout tems le théâtre.

Fin du premier Volume.

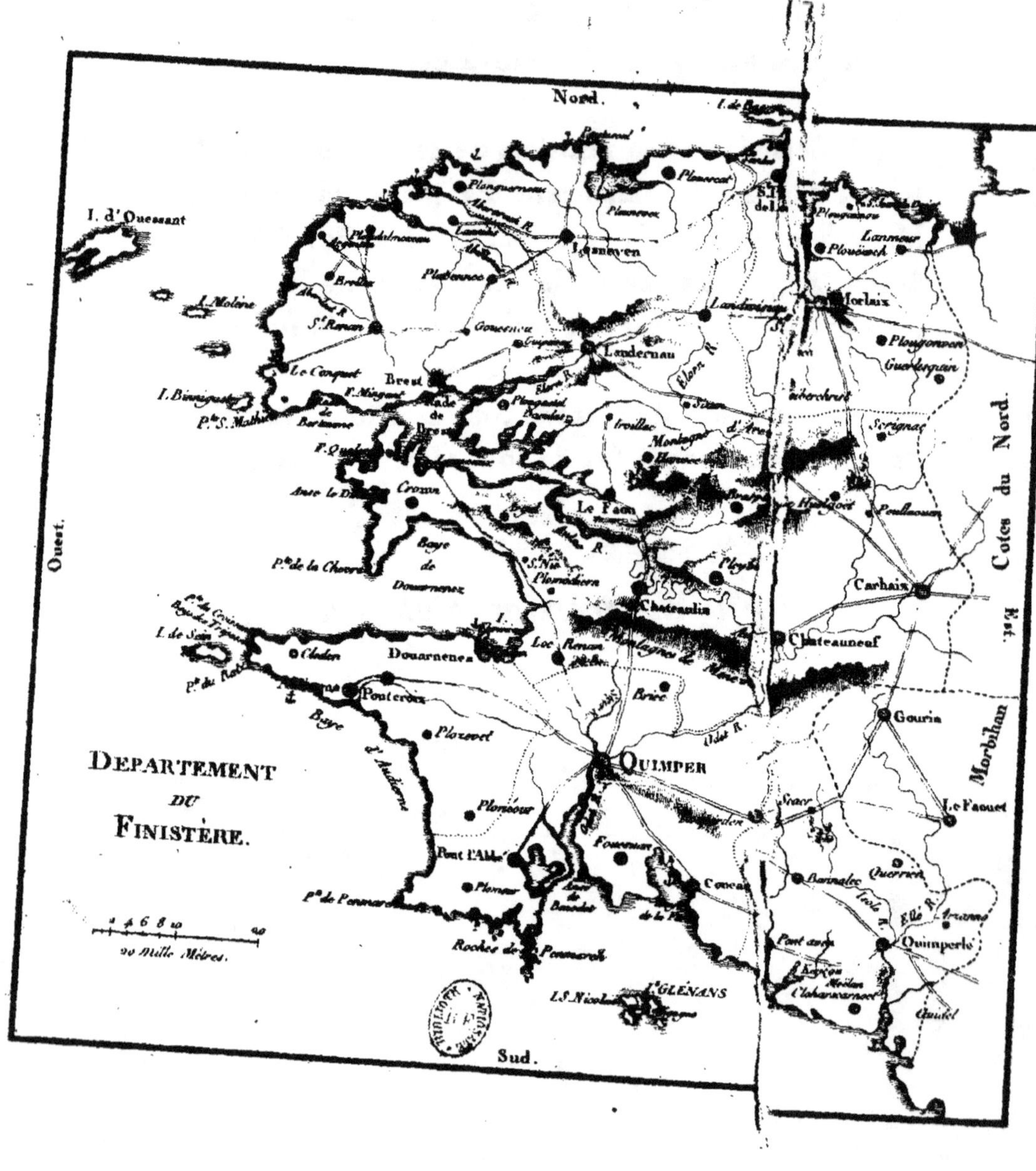

Nord.
Sud.
Ouest.
Est.
Côtes du Nord
Morbihan
I. d'Ouessant
I. Molène
I. Bannigueu
Pte S. Mathieu
I. de Sein
DÉPARTEMENT
DU
FINISTÈRE.
20 Mille Mètres.
Plouguerneau
Ploudalmezeau
Bredan
St Renan
Le Conquet
Brest
Plabennec
Gouesnou
Landerneau
Lesneven
Plouescat
Plouvoen
S.t P.
de la
Landivisiau
Morlaix
Plougonven
Guiclergran
Scrignac
Lanmeur
Plouéezoch
Huelgoat
Poullaouen
Carhaix
Châteauneuf
Gouria
Le Faouet
Querrien
Bannalec
Pont aven
Quimperle
Gourin
Arzano
Gestel
Croizon
Le Faou
Pleyben
Châteaulin
Montagnes d'Arez
Montagne Noire
Quimper
Douarnenez
Baye de Douarnenez
Pte de la Chèvre
Cloden
Pouldreuzic
Plozevet
Plonéour
Pont l'Abbé
Plomeur
Pte de Penmarch
Roches de Penmarch
Fouesnant
Concarneau
IS Nicolas
I.S GLÉNANS